ALE, CIDRE ET BIÈRE TRADITIONNELLE, VOICI COMMENT LES FABRIQUER À LA MAISON

100 RECETTES ET TOUT CE QU'IL FAUT SAVOIR POUR FAIRE LA BIÈRE PARFAITE

LUCILLE MEYER

Tous les droits sont réservés.

Avertissement

Les informations contenues dans cet eBook sont destinées à servir de collection complète de stratégies sur lesquelles l'auteur de cet eBook a effectué des recherches. Les résumés, stratégies, trucs et astuces ne sont que des recommandations de l'auteur, et la lecture de cet eBook ne garantit pas que ses résultats refléteront exactement les résultats de l'auteur. L'auteur de l'eBook a fait tous les efforts raisonnables pour fournir des informations actuelles et précises aux lecteurs de l'eBook. L'auteur et ses associés ne sauraient être tenus responsables des erreurs ou omissions involontaires qui pourraient être constatées. Le contenu de l'eBook peut inclure des informations provenant de tiers. Les documents de tiers comprennent les opinions exprimées par leurs propriétaires. En tant que tel, l'auteur de l'eBook n'assume aucune responsabilité pour tout matériel ou opinion de tiers.

L'eBook est protégé par copyright © 2022 avec tous droits réservés. Il est illégal de redistribuer, copier ou créer des travaux dérivés à partir de cet eBook en tout ou en partie. Aucune partie de ce rapport ne peut être reproduite ou retransmise sous quelque forme que ce soit sans l'autorisation écrite expresse et signée de l'auteur.

TABLE DES MATIÈRES

TABLE DES MATIÈRES..4

INTRODUCTION..8

BIÈRES TRADITIONNELLES...10

    1. Alster..11
    2. American Juniper Wild Ale......................13
    3. Biobier..19
    4. Noir et beige..................................25
    5. Blonde de Flandre..............................27
    6. chicha...32
    7. Bière/Lager au chocolat........................35
    8. framboise......................................38
    9. Bière de gingembre.............................41
    10. Bière sans gluten.............................47
    11. Gratzer bière.................................49
    12. Liège Saison..................................51
    13. Malzbier......................................55
    14. Bière à la citrouille des fêtes...............58
    15. Umqombothi....................................62
    16. No Fail Stout.................................65
    17. Bière à la mélasse............................68
    18. Porter Genévrier Bio..........................73
    19. Brasserie Grain d'Orge........................77
    20. Bière de pomme de terre.......................82
    21. Quinoa Pale Ale...............................86
    22. Radlermass....................................89
    23. Saké..91
    24. Shandy..94

25. Bière de sorgho	96
26. bière aigre	99
27. Bière épicée Soltice	108
28. Tripel Belge Triple Down	112
29. P'tit lourd	115
30. Mangouste	119
31. Bière aux épices et aux herbes	123
32. Porteur de la Baltique	127
33. Stout irlandais	131
34. Tchèque Dark Lager	134
35. Smoking Speedo Noir IPA	137
36. Dunkelweizendoppelbock	140
37. Triplex	146
38. Pilsner allemande	149
39. Diable Lord Hobo	154
40. Porter Basilic Framboise Vieilli	158
41. Bière d'épinette	162
42. Bière d'ortie	166
43. Bière NorCal Gose	169
44. Root Beer lacto-fermentée	174
45. American Old Guard Stout	178
46. Hallertau Wolamot Doppelbock	181
47. Saison du petit fantôme	185
48. White Rabbit Brown Ale	188

BIÈRES FUNKY **192**

49. Lambic	193
50. Berliner weisse	198
51. Ferme Brett	204
52. Un moine nommé brett	208
53. Séance funky acidulée	213
54. Maris pilsner	217
55. Enfers de Munich	220

56. Dunkel munichois..................223

CIDRE..................................226

57. Cidre de pomme sec..............227
58. Cidre chaud aux épices douces..233
59. Cidre de poire......................240
60. Cidre de Porc et Pommes........246
61. Limonade dure.....................250
62. Bière jamaïcaine au gingembre..258
63. Cidre Ananas–Cassonade........265

ALES...................................272

64. Bière ambrée......................273
65. API..................................284
66. Ale de blé à l'abricot............295
67. Bière Ferme Saison..............305
68. Pale Ale sans gluten............315
69. Moka Stout........................325
70. Extra, extra spécial amer......335
71. bière blonde anglaise..........339
72. IPA anglaise à l'ancienne......343
73. Bière brune.......................348
74. Porteur de paddy sec..........352
75. Stout à l'avoine.................356
76. Stout d'exportation irlandaise..360
77. Exportation écossaise..........364
78. Bière écossaise épicée........368
79. Amer savoureuse...............372
80. Bière de blé américaine......376
81. IPA supplémentaire............380
82. IPA impérial américain.......385
83. Bière ambrée aux moustiques..390
84. Armoire de rangement marron américain..........395
85. Barleywine américain.........400

86. COMMUNE DE CALIFORNIE..405
87. DOUBLE D'ABBAYE..409
88. QUADRUPLE..414
89. SAISON...419
90. BIÈRE DORÉE FORTE BELGE......................................424
91. HEFEWEIZEN...428
92. BANOFFEE WEIZENBOCK..432
93. DE KÖLSCH...437
94. PALE ALE AUX FLEURS DE SUREAU.............................442
95. FARINE D'AVOINE EXTRA PALE ALE.............................446
96. GRAND SEIGLE NOIR-PA..451
97. CITRA ÉCLATE TRIPLE IPA..456
98. CHANGEMENT DE PARADIGME ROBUSTE.....................460
99. SAUTÉ DE MANIÈRE DISPROPORTIONNÉE....................466

CONCLUSION..**471**

INTRODUCTION

Alors vous avez décidé de faire votre propre bière à la maison. Toutes nos félicitations! Vous êtes sur le point de vous engager dans une tâche merveilleuse et gratifiante presque aussi ancienne que l'humanité elle-même. Mais il n'y a aucune raison d'être intimidé. Bien que les gens brassent de la bière depuis des millénaires, le processus de base est resté à peu près le même à travers les âges. Cet e-book discutera de certaines des bières les plus simples à essayer à la maison.

Pour vos premières bières, il est sage de commencer par un kit : les canettes ou les cartons de sirop épais et collant que vous mélangez avec de l'eau et fermentez dans un seau. N'hésitez pas à vous lancer directement et à acheter les éléments supplémentaires dont vous avez besoin pour créer un lot à partir de zéro, mais il y a quelques raisons de garder les choses aussi simples que possible pour les premiers lots.

Voici tout ce que vous devez savoir pour faire la bière parfaite :

- Extrait de malt houblonné
- Levure sêche
- Sucre et extrait de malt séché
- L'eau
- Houblon

Commençons!

BIÈRES TRADITIONNELLES

1. Alster

Ingrédients

- 1 tasse de soda au citron/lime (par exemple Sprite, 7 Up ou similaire)
- 1 tasse de bière blonde pâle

les directions

a) Ajouter le soda citron-lime dans un grand verre à bière.

b) Versez ensuite la bière blonde tout en inclinant le verre pour éviter l'accumulation de mousse.

2. American Juniper Wild Ale

Ingrédients

- 3,15 livres d'extrait de Maris Otter (56%)
- 1,25 livre d'extrait de malt de seigle (22 %)
- Extrait léger sec de 1 livre (17,7%)
- 4 onces de malt spécial B (4,5 %)
- 28 grammes de houblon Fuggles, ajoutés à 60 minutes pour faire bouillir
- 1 tablette Whirlfloc, ajoutée 10 minutes plus tard (aide à clarifier la bière)
- 60 grammes de baies de genévrier, la moitié ajoutée avec 5 minutes à faire, la moitié ajoutée à KO
- 58 grammes d'aiguilles de pin hachées, ajoutées au knock-out
- 1 litre de démarreur de genévrier
- Copeaux de chêne de 1 once, bouillis pendant 1 minute d'abord

- 6 cuillères à café d'acide lactique à 88% (facultatif)

les directions

a) Faire infuser le malt Special B. Mettez le malt dans un sac à grains ou attachez-le lâchement dans une étamine et couvrez-le avec 3 litres d'eau. Portez-le à 155 ° F à 165 ° F à feu moyen et maintenez-le à cette température pendant 1 heure. Retirez le sac et placez-le sur le pot dans une passoire. Versez 2 litres d'eau chauffée à 170°F dessus pour rincer le grain. Laissez le sac égoutter pendant 10 minutes, puis retirez-le. Jeter le grain ou le donner aux animaux.

b) Commencez l'ébullition. Ajouter 2 gallons d'eau supplémentaires dans la casserole et porter à ébullition. Ajoutez le houblon et réglez la minuterie sur 1 heure.

c) Avec 30 minutes à faire, ajoutez tous les extraits et remuez bien.

d) Si vous l'utilisez, ajoutez le Whirlfloc à ébullition avec le refroidisseur de moût, si vous en avez un. Cela désinfectera le refroidisseur.

e) À 5 minutes de la fin, ajouter la moitié des baies de genièvre.

f) Assommer. Éteignez le feu et ajoutez le dernier ajout de baies de genièvre avec les aiguilles de pin hachées.

g) Crash chill le moût. Utilisez votre refroidisseur de moût pour refroidir le moût à 75 ° F ou moins, selon la température de votre eau du robinet. Ou, mettez le pot dans une glacière avec beaucoup d'eau glacée. Utilisez une cuillère propre pour créer un tourbillon dans le moût, ce qui l'aidera à refroidir plus rapidement. J'espère que vous verrez des morceaux noueux dans le moût qui ressemblent à de la soupe aux œufs ou à la séparation du miso dans la soupe : c'est du crash froid, et le voir signifie que vous aurez une bière plus claire.

h) Déplacez le moût vers le fermenteur. Ajouter le levain de levure de genévrier au fermenteur.

i) Placez un sas aseptisé sur le fermenteur et placez la bière dans un endroit où elle peut fermenter au frais, idéalement entre 66°F et 69°F. Laissez-le là pendant 2 semaines.

j) Ajoutez les copeaux de chêne bouillis dans une nouvelle bonbonne désinfectée et versez-y la bière. Je ne le fais que s'il y a beaucoup de crud dans le fermenteur. Si c'est OK, j'ajoute simplement les copeaux de chêne au fermenteur primaire. Dans tous les cas, laissez la bière finir de fermenter pendant 10 jours de plus.

k) Mettez la bière en bouteille ou en fût. Si vous embouteillez, vous voulez ajouter suffisamment de sucre d'amorçage au lot pour obtenir environ 2 volumes de CO_2, environ 1,8 once ou 51 grammes pour 3 gallons. Ajouter l'acide lactique dans le seau d'embouteillage.

Conditionnez la bière 2 semaines avant d'ouvrir la première bouteille. Cette bière vieillit bien.

3. Biobier

Extrait de malt

- Un 40 oz. boîte de n'importe quelle saveur que vous aimez (légère, foncée, stout), ou une boîte "haute" de 1,5 kg de la même chose. La canette de 1,5 kg contient plus d'extrait de malt, vous pouvez donc faire un lot plus important ou utiliser la même méthode ici pour faire une bière plus riche.

Levure

- 1 cuillère à café de levure de bière.

Du sucre

- 6 à 7 tasses de sucre blanc ordinaire ou 8 à 9 tasses de sucre de maïs (de préférence).

les directions

a) Versez 10 litres d'eau fraîche et froide dans le seau en plastique de 10 gallons (bonbonne). Si le seau est neuf, lavez-le d'abord avec un mélange d'eau et de bicarbonate de soude pour éliminer l'odeur de plastique.

b) Dans votre plus grande casserole, portez sept litres d'eau à ébullition.

c) Ajouter une boîte d'extrait de malt. Remuer et cuire à découvert pendant 20 minutes.

d) Ajouter le sucre et remuer pour le dissoudre.

e) Dès que le sucre est dissous, verser le contenu dans la tourie. Versez ou « éclaboussez » le contenu rapidement, ce qui ajoute de l'air au mélange. Plus la levure reçoit d'air, mieux c'est. Cela leur permet de grandir rapidement et de faire avancer les choses.

f) Complétez avec de l'eau potable en bouteille ou de l'eau du robinet jusqu'à ce que la température soit neutre.

g) Testez à l'aide d'un thermomètre propre et désinfecté. La tourie sera maintenant un peu plus qu'à moitié pleine.

h) Saupoudrez de levure et mélangez bien. Couvrir avec un couvercle. (Placez le couvercle sans serrer; s'il est trop fermé, une bonbonne peut exploser à cause du gaz carbonique produit.)

i) Gardez couvert et évitez toute ouverture inutile. La bière sera prête à être mise en bouteille en 6 à 10 jours, selon la température ambiante de la pièce et la quantité de sucre utilisée dans le brassage. La température ambiante doit être de 68 à 75 degrés Fahrenheit (20 à 24 degrés Celsius) au maximum ; 61-68 Fahrenheit (16-20 Celsius) est mieux mais il faudra un jour ou deux de plus à la bière pour fermenter.

j) Testez l'état de préparation avec un hydromètre. Placez l'hydromètre dans la bière et faites-le tourner une fois pour libérer les bulles, qui peuvent s'y accrocher et donner une fausse lecture. La lecture "prêt à embouteiller" devrait être d'environ 1,008 pour les bières brunes et 1,010-1,015 pour les bières légères. Si vous n'avez pas d'hydromètre, vous pouvez juger de l'état de préparation en goûtant un échantillon : il ne doit pas être au goût sucré. Il devrait y avoir peu ou pas d'action bouillonnante dans la bière.

Embouteillage

a) Placez la bonbonne sur une table solide et les 12 bouteilles de deux litres sur le sol, avec du papier journal en dessous pour attraper les gouttes ou les débordements. À l'aide d'un entonnoir, mettre deux cuillères à café rases de sucre dans chaque bouteille.

b) Siphonnez la bière dans les bouteilles en essayant de ne pas déranger les sédiments au fond de la bonbonne. (Une méthode consiste à coller une paille en plastique le long de l'extrémité inférieure du tuyau de siphon avec 1" dépassant de l'extrémité. La pointe de la paille peut toucher le fond de la bonbonne sans que le siphon n'aspire les sédiments.) Basculez la bonbonne au fur et à mesure que vous près du fond.

c) Il est important de ne pas trop éclabousser ou agiter la bière lors de la mise en bouteille car tout oxygène introduit peut entraîner une oxydation et un goût de « carton ».

d) Lorsque vous remplissez les bouteilles, gardez l'extrémité du tube du siphon près du fond de la bouteille pour éviter la formation de mousse. Il est indispensable que les bouteilles ne soient pas complètement remplies : laisser un espace aérien. Bien visser les bouchons. Retourner chaque bouteille et secouer pour dissoudre le sucre au fond. Placez les bouteilles dans un endroit chaud pendant les premiers jours, puis rangez-les dans un endroit sombre et frais.

4. Noir et beige

Ingrédients

- 6 onces de bière blonde
- 6 onces de bière Guinness stout

les directions

a) Remplir un verre à moitié avec la bière blonde.

b) Pale ale à moitié plein dans un verre de pinte

c) Faites flotter la Guinness sur le dessus en la versant lentement sur le dos d'une cuillère pour remplir le verre. Servir et déguster.

5. Blonde de Flandre

Ingrédients

- 2 kg de malt Pilsner
- 200 g de malt cristal
- 5 g de levure de bière
- 25 g de houblon à haute teneur en acide alpha
- 2,5 g de nutriment pour levure
- 20 g de sucre d'amorçage

les directions

a) Au cas où vous n'auriez pas de refroidisseur de moût. Faire bouillir 3 litres d'eau et laisser refroidir. Mettez-le dans votre congélateur pendant la nuit pour faire de la glace désinfectée.

b) Désinfectez tout ce qui va toucher votre moût de bière avec la solution Iodophor.

c) Processus de brassage : 1. Moulin Pale malts et Crystal malts avec un moulin à main. On ne veut pas faire de farine sinon en les écrasant ils deviendront gélatineux et difficiles à filtrer on veut juste écraser un peu les grains pour qu'en écrasant l'eau puisse atteindre son coeur.

d) Remplissez votre Mash tun avec 5 litres d'eau chaude. Ecraser les grains entre 63°C et 65° pendant une heure. Arroser avec environ 8 litres d'eau chaude ((70°C)). Lauter le moût dans votre marmite.

e) Allumez votre poêle. Lorsque le liquide (moût) atteint le point d'ébullition, baissez la flamme et ajoutez 10 g de houblon dans un sac d'infusion.

f) A 45 minutes. Déplacez votre refroidisseur de moût nettoyé dans le pot (Oui ! Mettez-le directement dedans). Ajouter 5 g de houblon.

g) À 55 minutes, ajoutez 10 g de houblon.

h) À 60 minutes, éteignez le poêle.

i) Faites couler de l'eau dans votre refroidisseur d'eau ou ajoutez 3 litres de glace préalablement préparée au moût et continuez à remuer jusqu'à ce qu'il se dissolve. Vérifiez la température avec un thermomètre pour aliments. Une fois qu'il descend en dessous de 22 degrés Celsius, transférez-le dans votre fermenteur (ajoutez plus de glace si nécessaire).

j) Jetez le houblon utilisé. Vérifiez ici pour plus d'informations sur les températures d'infusion.

k) Ajoutez 5 g de levure de bière et 1 cuillère à café de nutriment pour levure. Mettez un sas et un bouchon/œillet, déplacez le fermenteur dans un endroit sombre et frais et laissez-le fermenter pendant 10 jours ou jusqu'à ce que le sas cesse de montrer toute activité et que l'eau semble de niveau.

l) Attendez encore deux jours pour que la bière se stabilise. Ajoutez une demi-cuillère à soupe de sucre en poudre à la bière finie (n'ajoutez pas plus que cela ou les bouteilles peuvent éclater) Remplissez vos bouteilles d'animaux désinfectées et fermez hermétiquement ou remplissez vos bouteilles de bière en verre désinfectées et mettez des couronnes dessus.

m) Laissez la bouteille à température ambiante pendant 7 à 15 jours pour que la carbonatation naturelle se produise à l'intérieur de la bouteille.

n) Transférer les bouteilles au réfrigérateur.

6. chicha

Ingrédients:

- 3 livres de semoule de maïs grossièrement moulue
- 1 livre de pulpe de courge (n'importe laquelle fera l'affaire, de la citrouille à la courge d'hiver)
- 1 livre de fruits de cactus de figue de barbarie
- 3 gallons d'eau
- levure de bière

les directions

a) Écrasez grossièrement le maïs germé et versez-le dans la marmite avec 8 litres d'eau froide. Asseyez-vous et laissez reposer une heure. Porter à ébullition, ajouter le sucre, puis baisser le feu et laisser mijoter trois heures (en remuant régulièrement). Ajoutez toutes les épices que vous désirez à la fin de l'ébullition.

b) Retirer et laisser reposer pendant une heure. Ensuite, filtrez le liquide dans un fermenteur à l'aide d'une passoire, d'une étamine ou de toute autre méthode que vous préférez. Une fois refroidie à 70° F (21° C), plantez la levure et fermentez à température ambiante (entre 60 et 75° F) pendant cinq jours. Passer au secondaire et fermenter pendant une à deux semaines jusqu'à ce qu'il soit clarifié.

c) Bouteille en utilisant 1 cuillère à café de sucre de maïs par bouteille pour l'amorçage. Enfin, laissez-le reposer deux semaines de plus après la mise en bouteille avant de le boire.

7. Bière/Lager au chocolat

Ingrédients:

- 2,5 livres (1,1 kg) de malt Pilsner (1,6°L)
- 10 lb (4,5 kg) de malt de Munich (8°L)
- 0,75 lb (340 g) de malt munch cristal foncé (80 °L)
- 1 lb (454 g) de malt de mélanoïdine (33°L)
- 0,5 lb (227 g) de malt röstmalz (470°L)
- 0,7 oz. (18 g) Granulés Northern Brewer, 8 % aa (60 min.)
- 0,5 oz. (14 g) Granulés Northern Brewer, 8 % aa (30 min.)
- 5 à 10 lb de cerises acides préalablement congelées
- 0,5 à 1,0 lb d'éclats de cacao torréfiés, légèrement écrasés
- European Ale Yeast (Belgian ou lager une possibilité aussi)

les directions:

a) Écraser 1 heure à 152°F (67°C). Après la fermentation primaire, passez à la seconde et ajoutez les cerises surgelées et les éclats de cacao.

b) Laissez la bière reposer sur les fruits et les éclats de cacao pendant au moins deux semaines - un mois ou deux, c'est mieux.

c) Transvaser dans une bonbonne tertiaire et laisser reposer avant l'embouteillage ou la mise en fût.

8. framboise

Rendement : 5,5 gallons (21 L)

Ingrédients:

- 3,0 lb d'extrait de blé sec NW
- 3,0 lb d'extrait sec léger MandF
- 3,5 oz de maltodextrine
- 4,0 boîtes de purée de framboises Oregon Fruit Products, chacune 3,1 lb
- 3,5 oz de vieux houblon entier (90 min)
- Drêches de l'ancien lot Lambic
- 1 flacon Wyeast 1968 London ESB Levure
- 1 flacon Wyeast 3526 Brettanomyces lambicus
- 2,92 oz de sucre de maïs pour l'amorçage
- 1 sachet de levure sèche Danstar Windsor Ale pour l'amorçage

les directions:

a) Faire bouillir pendant 90 minutes. Après ébullition, laisser refroidir une nuit dans un récipient ouvert. Pitch avec lie de l'ancien lot de 1996 de bière artisanale de style Lambic et Wyeast 1968. Insérez une douve de chêne qui a été dans d'autres lots de lambic.

b) Après 16 mois, ajoutez trois boîtes de purée de framboise et Wyeast 3526. Vingt-deux mois après le brassage, ajoutez la dernière boîte de purée de framboise.

9. Bière de gingembre

Ingrédients

- 2 1/2 tasses d'eau tiède filtrée
- 1 1/2 cuillères à café de levure de champagne
- 1 cuillère à soupe de gingembre fraîchement râpé, plus au goût
- 1 cuillère à soupe de sucre granulé, plus au goût
- 2 citrons, jus
- 1 jalapeno, tranché (facultatif)
- 1 grand bocal en verre
- 2 bouteilles de soda propres

les directions

a) Tout d'abord, faites une "plante" pour votre bière au gingembre. Incorporer la levure dans l'eau tiède jusqu'à ce qu'elle soit dissoute. Ajouter 1 cuillère à soupe de gingembre fraîchement râpé, 1 cuillère à soupe de sucre, le jus de citron, les tranches de jalapeño et remuer pour combiner.

b) Versez dans un bocal en verre, suffisamment grand pour que le liquide tienne confortablement, avec un peu d'espace supplémentaire. Couvrez avec un torchon propre et sec et fixez-le sur le pot avec un élastique. Placez le bocal dans l'endroit le plus chaud de votre maison. À côté de votre appareil de chauffage, près du réfrigérateur ou près d'une bouche d'aération.

c) Chaque jour de la semaine prochaine, vous devrez "nourrir" votre bière au gingembre. Tout d'abord, touchez la bouteille - elle doit être légèrement chaude. S'il fait trop froid, votre levure entrera en hibernation, et s'il fait trop chaud, cela pourrait tuer votre levure. Retirez la serviette et ajoutez une autre cuillère à soupe de gingembre râpé et une autre cuillère à soupe de sucre.

d) Remuez jusqu'à ce que le sucre se dissolve, puis replacez la serviette et remettez votre plante dans un endroit chaud.

e) Après environ une semaine, vous devriez voir de petites bulles flotter à la surface de votre plante. Vous pouvez certainement garder votre plante à ce stade plus longtemps ; plus vous le nourrissez, plus la saveur de gingembre deviendra concentrée.

f) Il est maintenant temps de mettre en bouteille. Réfléchissez au nombre de bouteilles de bière au gingembre que vous voudrez préparer. Assurez-vous d'utiliser des bouteilles de soda en PLASTIQUE - les bouteilles en verre pourraient exploser à cause de la carbonatation, ce qui ne serait pas joli. Estimez la quantité d'eau dont vous aurez besoin pour remplir ces bouteilles aux 3/4, puis faites-la bouillir pour la purifier. Dissolvez suffisamment de sucre dans l'eau pour qu'elle ait un goût très sucré, aussi sucré que du soda. Vous pouvez également ajuster cela plus tard.

g) À l'aide d'une étamine, filtrez la plante dans une grande tasse à mesurer ou un bol. À l'aide d'un entonnoir, ajoutez environ une tasse de liquide végétal à chaque bouteille de soda propre et sèche - plus si vous le voulez plus fort, moins si vous le voulez moins intense. Ajoutez de l'eau douce aux bouteilles jusqu'à ce qu'elles soient pleines aux 3/4, puis remuez avec une baguette pour combiner. vous pouvez tremper votre doigt dedans et goûter ici pour voir si le mélange a besoin de plus de gingembre. Si c'est le cas, ajoutez plus de liquide végétal.

h) Fermez hermétiquement les bouteilles avec leurs bouchons et remettez-les dans l'endroit chaud où vous aviez votre plante. Pressez les bouteilles une fois par jour pour tester leur carbonatation. Après quelques jours, ils devraient être difficiles à comprimer ; lorsqu'il est impossible de les comprimer, commencez lentement à dévisser le bouchon jusqu'à ce que la carbonatation commence à se libérer - ne l'ouvrez pas complètement ! Faites-le chaque fois que vous ne pouvez pas du tout compresser la bouteille.

i) Après une semaine et demie à deux semaines, la levure devrait avoir consommé la majeure partie du sucre dans la bouteille. Cela signifie que votre bière au gingembre est prête à s'ouvrir et à être dégustée !

10. Bière sans gluten

Ingrédients

- **Projet de loi sur les céréales**: 2,7 kg Malt de millet pâle ; 150 g de malt de millet cristal ; 150g de malt de millet munichois broyé (moulu) en farine

- **Houblon**: 12 g Northdown 60 min ; 12 g Goldings 60 min; 12 g Northdown 10 min; 12 g Dorures 10 min

- Levure : Fermentis S-04

- Eau : 30 litres Prétraitée la veille

- Calcium : 3 cuillères à café de gypse (CaSO4)

- Élimination du chlore : 1/8 c. à thé de métabisulfite de sodium pour l'élimination des chloramines

les directions

a) La cohue

b) Le régime de la purée

c) Lautration

11. Gratzer bière

Ingrédients pour 5 gallons :

- 8,0 livres | Weizenrauchmalz
- 1,5 once | Houblon de Lublin, 3,7% aa (60 min)
- 0,5 once | Houblon de Lublin, 3,7% aa (30 min)
- Levure Ale neutre

les directions:

a) Effectuez le programme de brassage suivant : 30 minutes à 100 °F ; 30 minutes à 125 °F ; 30 minutes à 158 °F ; et mashout.

b) Effectuez une ébullition de 90 à 120 minutes, en suivant le programme de houblon. Une fois prêt, carbonatez à 3,0-3,5 volumes de CO_2

12. Liège Saison

Rendement : 5 gallons (18,93 L)

Ingrédients:

Fermentables

- 6,6 livres (3 kg) de malt Pilsner
- 1,1 lb (0,5 kg) de malt de Vienne
- 1,1 lb (0,5 kg) de malt de blé
- 1,1 lb (0,5 kg) de sucre de table blanc, ajouté à l'extinction

Houblon

- 1,0 oz. (28 g) Aramis pellet Houblon, 7% aa (60 min.)
- 1,0 oz. (28 g) Houblon en pastille Barbe Rouge, 8,5% aa (laisser macérer 15 min. après extinction)

Levure

- Levure de saison belge avec suffisamment de ferments lactiques (200 milliards de cellules)

Divers.

- 0,75 c. (3 g) de mousse d'Irlande ajoutée 15 minutes avant la fin de l'ébullition (facultatif)

les directions:

a) Écraser les grains à 153 °F (67 °C) pendant 60 minutes.

b) Écrasez à 168 °F (76 °C), avec un volume de moût de pré-ébullition de 7 gal. (26,5 L).

c) Porter à ébullition pendant 60 minutes, en ajoutant du houblon à des intervalles spécifiés à partir de la fin de l'ébullition.

d) Refroidir le moût à 62 °F (17 °C) et étendre la levure.

e) Fermentation en primaire à 62° F (17° C) jusqu'à ce que la fermentation ralentisse considérablement (7 à 9 jours).

f) Passer au fermenteur secondaire et vieillir pendant 10 à 14 jours à 18 °C (65 °F).

g) Fût à 2,5 volumes (5 g/L) de CO_2 ou état de la bouteille avec 4 oz. (113 g) de sucre de maïs.

13. Malzbier

Ingrédients

- 7 lb de sirop léger non houblonné
- 2 lb de malt Cara-pils
- 2 lb de malt cristal léger
- 1 lb de malt cristal extra riche
- 1/2 once Hallertauer (5,0 % alpha)
- 1 once Willamette (4,5 alpha)
- 1 cuillère à café de sel
- 1 cuillère à café d'acide citrique
- 1 cuillère à café de nutriment pour levure
- 1 cuillère à soupe. Levure de mousse d'Irlande Edme ale

les directions

a) Écrasez les cara-pils et le crystal malt pendant 2 heures dans de l'eau à 140 degrés.

b) Sparge pour faire 4 gallons. Ajouter le sirop et le houblon Hallertauer. Faire bouillir 60 min, en ajoutant de la mousse d'Irlande dans les 30 dernières minutes.

c) Décanter au primaire, en ajoutant suffisamment d'eau pour faire 5 gallons. Ajoutez du sel, de l'acide citrique, des nutriments pour levure et du houblon sec avec du houblon Willamette.

d) L'intention est de conserver la totalité ou peut-être la majeure partie de la dextrine et du maltose caramélisé après la fermentation pour le goût et le corps du malz.

14. Bière à la citrouille des fêtes

Rendement : 6 gallons américains (22,7 L)

Ingrédients:

Malts

- 8,0 lb (3,6 kg) de malt Maris Otter
- 4,0 livres (1,8 kg) de malt de Munich
- 2,0 lb (907 g) de malt aromatique
- 10 oz (284 g) de malt CaraMunich

Fermentables

- 8 oz (227 g) de cassonade
- 5 lb (2,3 kg) de citrouille préparée comme indiqué, faire bouillir 90 minutes
- 1,25 oz (35 g) de houblon en granulés Fuggle 4,6 % alpha, 45 min
- 3,0 c. à thé de cannelle, 5 min
- 1,9 cuillère à café de noix de muscade, fraîche, 5 min

- 1,0 cuillère à soupe de racine de gingembre, 5 min

- 4,0 c. à thé de vanille, fermenteur secondaire

- 3,5 oz (100 g) de sucre d'amorçage

Levure

- White Labs 002 Levure de bière anglaise

les directions:

a) Utilisez une purée d'infusion en une seule étape. Ajouter 19 pintes (18 litres) d'eau à 168° F (76° C) au grain broyé pour établir une température de purée de 155° F (68° C). Maintenez pendant 60 minutes. Recueillir 7,5 gallons (28,4 L) de moût. Ajouter le potimarron et porter à ébullition.

b) Ajouter la cassonade et le houblon à 60 et 45 minutes, respectivement. Ajouter les épices avec cinq minutes restantes et laisser infuser encore cinq minutes. Fermentation pendant une semaine.

c) Portoir au fermenteur secondaire. Goûtez, ajoutez de la vanille et des épices supplémentaires si nécessaire.

d) Prévoyez deux semaines dans le secondaire. Amorcez avec du sucre, une bouteille ou un fût.

15. Umqombothi

Ingrédients

- farine de maïs 2kg
- 2kgsorgho
- 6litres d'eau

les directions:

a) Combiner la farine de maïs sorgho avec six litres d'eau bouillante et mélanger jusqu'à l'obtention d'une pâte lisse. Laissez fermenter pendant deux jours, dans un endroit chaud et sombre.

b) Après le deuxième jour, prélevez deux tasses du mélange fermenté et mettez de côté. Mélangez la pâte restante avec deux litres d'eau bouillante dans une casserole et placez-la sur la cuisinière. Laisser mijoter, en remuant souvent, pendant environ une heure puis laisser refroidir.

c) Remettez ensuite ce mélange dans votre seau, ajoutez les deux tasses de pâte fermentée et remuez, en ajoutant enfin 1 kg de sorgho au mélange.

d) Le lendemain, le mélange devrait bien bouillonner, ce qui signifie que votre bière est prête. Passer au tamis, réfrigérer et déguster

16. No Fail Stout

Rendement : 6 gallons (22,7 L)

Ingrédients:

Malts et sucres

- 7 lb (3,28 kg) de malt de millet pâle
- 5 lb (2,27 kg) de malt de sarrasin pâle
- 2 lb (907 g) malt de riz biscuit
- 8 onces. (227 g) millet rôti au chocolat
- 8 onces. (227 g) de malt de riz noir
- 125 grammes. (113 g) Malt de riz Gashog
- 1 lb (454 g) de sirop de candi belge D-180 (ajouter au secondaire)

Houblon

- 0,5 oz. (14 g) CTZ, 14 % aa à 90 min
- 0,5 oz. (14 g) Willamette, 5,5 % aa @ 10 min

Levure

- Fermentis Safale S-04 Bière anglaise

Eléments supplémentaires

- 1 c. (5 ml) d'enzyme amylase ajoutée à la purée
- 0,25 c. (2 g) mousse d'Irlande @ 10 min
- 1 c. (5 ml) nutriment pour levure @ 10 min
- 3,75 onces. (106 g) sucre de maïs si embouteillage

les directions:

a) Écraser les grains avec de l'enzyme amylase supplémentaire pendant 60 minutes à 155° F (68° C).

b) Faire bouillir 60 minutes, en ajoutant du houblon, de la mousse d'Irlande et de la levure aux moments indiqués.

c) Refroidir le moût à 67° F (19° C), ensemencer la levure et fermenter pendant 4 jours. Passer au secondaire et ajouter le sirop de candi belge.

d) Laisser la bière atteindre la gravité finale avant la mise en bouteille ou le fût.

17. Bière à la mélasse

Ingrédients

Sucres

- 5 gallons d'eau de source fraîche, filtrée ou d'eau de fonte des glaciers/neige
- 5 1/2 livres. extrait de malt foncé
- 4 1/2 livres. mélasse

Malts aromatisants

- ¼ lb de malt Crystal 120 L
- 1/2 lb de malt au chocolat
- 1/2 livre de malt Cara Munich
- ¼ lb d'orge rôtie

Houblon

- 1 once. Granulés de houblon Hallertaur de Nouvelle-Zélande
- 1/2 oz. Granulés de houblon Pacific Gem de Nouvelle-Zélande - (arôme)
- ¼ oz. Houblon à feuilles mobiles séché Fuggle - (arôme)

Levure

- Levure Nottingham Ale ou autre levure de bière de base

les directions

a) Tout d'abord, laissez tremper vos malts aromatisants dans 3 gallons de votre eau de source chauffée pendant 20 minutes. Ne faites pas bouillir ces grains, car cela peut détruire certains des processus de brassage les plus subtils. Mieux vaut ne pas dépasser 180 degrés Fahrenheit.

b) Ensuite, filtrez les malts aromatisants ou sortez le sac de grains, et ajoutez le reste de votre eau dans la bouilloire, et portez tout le liquide à ébullition.

c) Maintenant, éteignez le brûleur et ajoutez votre extrait de malt et votre mélasse, en remuant soigneusement le moût pour vous assurer que les sucres ne brûlent pas au fond de la bouilloire.

d) Une fois les sucres bien dissous, portez le moût à ébullition et ajoutez le houblon amer et faites bouillir le moût pendant 30 minutes en remuant régulièrement.

e) Ajoutez ensuite l'arôme de houblon pendant 15 minutes de plus, puis ajoutez l'arôme de houblon et faites bouillir pendant cinq minutes de plus, puis éteignez le brûleur et laissez refroidir le moût à température ambiante ou à 75 degrés, selon la température la plus chaude.

f) Vous pouvez maintenant transférer le moût dans votre cuve de fermentation nettoyée et désinfectée, amorcer la levure et remuer le moût avec vigueur.

g) Plantez maintenant la levure dans la bière et conservez-la dans une pièce sombre et fraîche pendant une semaine, en prenant soin de vérifier le sas tous les jours pour vous assurer que la mousse n'est pas remontée par le sas. Si vous utilisez un ensemble de soufflage, vous n'aurez pas à vous soucier des sas.

h) Après cette première semaine, c'est le bon moment pour transférer votre bière dans une cuve de fermentation secondaire pendant les deux semaines suivantes.

18. Porter Genévrier Bio

Ingrédients:

- 4,4 lb (2 kg) d'extrait de malt pâle biologique
- 0,9 kg (2 lb) de malt biologique pâle à deux rangs Hugh Baird
- 1 lb (0,45 kg) de malt de Munich biologique Briess
- 0,75 lb (340 g) de malt Briess Caramel biologique 60°L
- 0,75 lb (340 g) de malt au chocolat biologique Briess
- 0,5 oz. (14 g) Houblon biologique Pacific Gem de Nouvelle-Zélande, 31 IBU (60 min.)
- 0,25 oz. (7 g) Houblon biologique Hallertauer de Nouvelle-Zélande, 7 IBU (60 min.)
- 0,75 oz. (21 g) Houblon biologique Hallertauer de Nouvelle-Zélande (0 min.)
- 1,0 oz. (28 g) baies de genévrier bio

- Levure liquide White Labs English Ale
- 1 tasse (237 ml) d'extrait de malt biologique
- 0,25 c. (1 g) de mousse d'Irlande
- 2 c. (10 ml) de gypse

les directions:

a) Écrasez tous les grains à 152 °F (67 °C) dans 1,75 gallons (6,6 L) d'eau. Rincer avec 1,25 gallons (4,7 L) d'eau.

b) Ajouter l'extrait au moût recueilli, ajouter suffisamment d'eau pour faire 5,5 gallons (20,8 L) de liquide et porter à ébullition. Ajouter 0,5 oz. (14 g) NZ Pacific Gem et 0,75 oz. (21 g) NZ Hallertauer et faire bouillir pendant 60 minutes. Ajouter 0,75 oz. (21 g) NZ Hallertauer, mousse d'Irlande et baies de genévrier.

c) Éteignez le feu. Reposez-vous pendant 10 minutes et faites un homebrew. Refroidir le moût à 70°F (21°C) et transférer au primaire. Ensemencer la levure et fermenter jusqu'à une semaine à 65 à 70°F (18 à 21°C). Transférer au secondaire et fermenter pendant encore une à deux semaines.

d) Mettez la bière en bouteille et conditionnez-la en bouteille pendant une à trois semaines. Cette bière se bonifie jusqu'à un an. Les saveurs de cèdre des baies de genévrier s'adoucissent légèrement mais deviennent plus complexes.

e) Goûte comme l'odeur de s'asseoir autour d'un feu de camp de cèdre.

19. Brasserie Grain d'Orge

Ingrédients:

- 9 lb (4,1 kg) de malt Pilsener français à 6 rangs du Gatinais F ou de Belgique

- 0,5 lb (0,23 kg) de Vienne aromatique française (3,5 Lovibond) ou de malt de Vienne

- 114 g (0,25 lb) de malt French Caramel (20 Lovibond) ou de malt Crystal (20 Lovibond)

- 114 g (0,25 lb) de malt caramel français (30 Lovibond) ou de malt Crystal (30 Lovibond)

- 4,75 lb (2,2 kg) de maïs en flocons

- 1 lb (0,45 kg) de saccharose

- 2 HBU (56 MBU) Houblon en granulés Hallertauer allemand, 105 minutes (amer)

- 2 HBU (56 MBU) Brasseurs Français ou Européens Gold pellet Houblon, 105 minutes (amer)

- 2 HBU (56 MBU) Brasseurs Français ou Européens Gold pellet Houblon, 30 minutes (saveur)

- 1,5 HBU (43 MBU) Granulés slovènes Styrian Goldings Houblon, 10 minutes (arôme)

- 0,25 cuillère à café de mousse d'Irlande

- 0,75 tasse de sucre de maïs pour l'amorçage des bouteilles. Utilisez 1/3 tasse de sucre de maïs si vous amorcez un fût.

- Levure Wyeast 1728 Scottish Ale ou autre levure produisant un profil malté avec une faible production d'esters et adaptée à la fermentation à haute gravité.

les directions:

a) Une purée d'infusion par étape est utilisée pour écraser les grains.

b) Ajouter 15 pintes (14 L) d'eau à 130° F (54,5° C) au grain broyé, remuer, stabiliser et maintenir la température à 122° F (50° C) pendant 30 minutes.

c) Ajouter 7,5 pintes (7 L) d'eau bouillante, ajouter de la chaleur pour amener la température jusqu'à 155° F (68° C) et maintenir pendant environ 60 minutes.

d) Après conversion, augmenter la température à 167° F (75° C), filtrer et asperger avec 4 gallons (15 L) d'eau à 170° F (77° C).

e) Recueillez environ 7 gallons (23 L) de ruissellement, ajoutez du saccharose et du houblon amer et portez à ébullition complète et vigoureuse.

f) Le temps d'ébullition total sera de 105 minutes.

g) Lorsqu'il reste 30 minutes, ajouter la saveur Houblon. Lorsqu'il reste 10 minutes, ajoutez l'arôme Houblon et Mousse d'Irlande. Après une ébullition totale du moût de 105 minutes (réduisant le volume du moût à un peu plus de 5 gallons), éteignez le feu, puis séparez ou filtrez et aspergez le houblon.

h) Refroidissez le moût à 70° F (21° C) et dirigez-le dans un fermenteur désinfecté. Bien aérer le moût refroidi.

i) Ajouter une culture de levure active et fermenter pendant 4 à 6 jours dans le primaire. Transférez ensuite dans un fermenteur secondaire, refroidissez à 15,5 °C (60 °F) si possible et laissez vieillir pendant quatre semaines ou plus.

j) Lorsque le vieillissement secondaire est terminé, apprêtez-le avec du sucre, une bouteille ou un fût. Laisser conditionner à des températures supérieures à 60 °F (15,5 °C) jusqu'à ce qu'il soit clair et carbonaté. Utilisez des bouchons de liège et fixez la fermeture pour un caractère de « liège » terreux et moisi.

20. Bière de pomme de terre

Ingrédients:

- 3,25 lb (1,5 kg) Pils pâle à deux rangs ou malt ale (2-4° L)

- 2,5 lb (1,13 kg) de malt de Munich (environ 10° L)

- 6,5 lb (3 kg) de pommes de terre crues épluchées à température ambiante

- 1,33 oz (37 g) de houblon amer à 5 % d'AA (Tettnanger, Fuggles, East Kent Goldings ou Galena)

- 14 g (0,5 oz) de houblon aromatique (Tettnanger, Fuggles, East Kent Goldings ou Willamette)

- 1 c. à thé (5 ml) de mousse d'Irlande

- 1 paquet Wyeast 1028 London, White Labs WLP005 British, Wyeast 1007 German Ale, White Labs WLP036 Alt, Wyeast 2042 Danish ou WLP830 German Lager

- 1 tasse (237 ml) DME ou sucre de maïs (pour la mise en bouteille)

les directions:

a) À l'aide d'un mixeur ou d'un presse-purée, faire macérer les pommes de terre crues épluchées. Faites ensuite une purée de grains rapide et épaisse à une température d'environ 156 ° F (69 ° C).

b) Utilisez le moins d'eau possible, mais évitez les grumeaux et les zones sèches. Versez ensuite la purée de pommes de terre dans le lit de céréales et mélangez uniformément les céréales et les pommes de terre pour une exposition maximale des deux à tous les amidons de la purée.

c) Enfin, recouvrez le lit de céréales / pommes de terre d'environ un pouce d'eau à environ 172 ° F (78 ° C).

d) Toute la conversion de l'amidon doit être terminée dans les 20 minutes environ suivant le mélange du grain avec la purée de pomme de terre. À ce stade, vous pouvez commencer à faire recirculer le moût pendant 15 à 20 minutes.

e) Arrosez le moût dans une bouilloire et arrêtez l'aspersion lorsque la gravité de la bouilloire est d'environ 1,044. Permettant une évaporation de 10 %, cette gravité de pré-ébullition devrait permettre à votre infusion d'atteindre l'OG cible de 1,048.

f) Ajouter le houblon amer 15 minutes à ébullition. Ajouter l'arôme Houblon 10 minutes avant la fin de l'ébullition.

21. Quinoa Pale Ale

Ingrédients:

- 6 lb de quinoa malté, rôti (purée/sparge)
- 2 lb de quinoa malté (purée/sparge)
- 0,25 lb de solides de sirop de riz (purée/sparge)
- 2 oz de houblon en grappe (60 min)
- 3 lb de miel de clou de girofle (60 min)
- 4 onces de maltodextrine (60 min)
- 1,5 oz de houblon sterling (30 min)
- 1 oz de houblon sterling (15 min)
- 1 cuillère à café de mousse d'Irlande (15 min)
- 1 sachet de levure de bière

les directions

a) Purée de quinoa avec 3,5 gallons d'eau avec une grève de 150F, ajout d'enzymes d'amalyse et laissé pendant 1 heure. Température augmentée avec 1 gallon d'eau avec une température de grève de 180F et laissée pendant une autre heure.

b) Réaliser une pause à chaud.

c) Ajouter le houblon, les collages et les sucres fermentescibles restants selon le calendrier.

d) Refroidir le moût jusqu'à ce que la température appropriée pour ensemencer la levure.

22. Radlermass

Ingrédients

- 1 tasse de bière (ou n'importe quelle quantité que vous aimez)
- 1 tasse de boisson gazéifiée citron-lime
- la glace
- 1 zeste de citron (garniture) (facultatif)

les directions

a) Prenez des parties égales de bière et de soda citron-lime sur un peu de glace pour le garder au frais; attention, il va beaucoup mousser, alors allez-y doucement.

b) Au fur et à mesure que vous venez le goûter, vous pouvez modifier la quantité de bière ou de soda - si vous aimez vraiment la bière, la combinaison peut être de 3/4 de bière à 1/4 de soda ou vice versa.

23. Saké

Ingrédients

- 1,7 kg de riz poli
- 1 sachet de Koji 20g de riz inoculé ou 5g de spores
- 3-4 litres Eau eau douce

les directions

a) Ensemencer environ $\frac{1}{4}$ du riz avec du koji. Cela aide à créer suffisamment d'enzymes et une culture starter solide pour décomposer l'amidon. Certains magasins conservent également du riz Sake et des boulettes de riz, qui sont pré-inoculés. Si vous ne les trouvez pas, il faut créer un lit de riz cuit à la vapeur, saupoudrer la culture de koji dessus et le conserver dans une pièce chaude et humide pendant 24 à 40 heures.

b) Utilisez du riz cuit à la vapeur (pas de riz bouilli). Le but est de gélatiniser le riz mais de le garder suffisamment ferme pour que les enzymes agissent dessus.

L'ébullition rendra le riz trop mou et la conversion de l'amidon ne sera pas efficace.

c) Refroidissez le reste du riz cuit à la vapeur à 25oC avant de le mélanger avec du riz koji. Ajouter un peu d'eau osmosée pour immerger les grains. Les eaux chlorées et dures doivent être évitées.

d) Remuez la purée toutes les 12 heures avec une cuillère en acier aseptisée. Vérifiez également la température et ne la laissez pas dépasser 20oC.

e) Après environ quelques jours, nous pouvons égoutter le bouillon, le filtrer et le boire. Ajouter plus de riz cuit à la vapeur nous permettra de propager davantage la culture.

f) Optionnel. Vous pouvez assécher les sédiments. Il contient suffisamment de levure et de koji pour vous aider à préparer un deuxième lot.

24. Shandy

Ingrédients

- votre bière/lager préférée
- votre soda citron-lime préféré, frais

les directions

a) Versez lentement la moitié de chaque boisson dans un ou deux grands verres à bière (selon la taille).

b) Profitez.

25. Bière de sorgho

Ingrédients:

- 1 kg. (2,2 livres) Sorgho
- 7 g (1/4 once) de levure de boulangerie

les directions:

a) Faire tremper le sorgho dans l'eau, lui permettant de commencer la germination. Séchez les grains partiellement germés. Écraser le sorgho et faire bouillir dans l'eau pendant environ 15 minutes. Égoutter et mettre dans un grand récipient. Ajouter 4 litres d'eau chaude et laisser reposer 1 heure.

b) Transférer la partie liquide de la purée dans un grand récipient et ajouter 8 litres d'eau chaude. Laissez le mélange refroidir naturellement jusqu'à ce qu'il atteigne la température ambiante.

c) Ajouter la levure et une tasse de malt de sorgho broyé supplémentaire (à partir de grains germés). Remuer vigoureusement.

d) Laisser fermenter pendant 2 jours à température ambiante puis filtrer la bière dans des récipients de stockage. Servir aux clients assoiffés.

26. bière aigre

Donne : 5 gallons

Ingrédients

- 2 tasses d'extrait de malt sec léger Briess
- 2,5 livres de malt à 2 rangs
- 2,5 livres de malt de blé blanc
- 1 litre d'eau du robinet
- 2 cuillères à soupe de yaourt avec des cultures vivantes et actives
- 1 once d'herbes fraîches, comme le romarin, la verveine citronnée et/ou la citronnelle
- 1 bouteille de 375 millilitres de bière sauvage non pasteurisée
- 1 paquet Brettanomyces Bruxellensis (White Labs 650 ou Wyeast 5112)
- Petit contenant de Starsan Sanitizer
- 2 gallons d'eau purifiée

les directions

a) Dans une casserole moyenne, porter 1 litre d'eau à ébullition à feu vif pour faire du moût de départ ou de la bière non fermentée. Retirer du feu et incorporer 2 tasses d'extrait de malt sec jusqu'à dissolution complète.

b) Ramener à ébullition pendant 10 minutes, puis refroidir à 120 °F en couvrant la casserole avec un couvercle et en faisant couler de l'eau froide du robinet dessus. Une fois refroidi, versez 2 cuillères à soupe de yogourt grec dans un bocal en verre ou un bocal en verre désinfecté de 64 onces, puis versez du moût refroidi sur le dessus.

c) Couvrez le dessus du récipient sans serrer avec du papier d'aluminium, puis isolez-le avec une couverture ou un manchon en néoprène. Tenir le plus près possible de 110° pendant 60 à 72 heures.

d) Chauffez 1,5 gallon d'eau dans une marmite à environ 160 ° F, puis ajoutez tous les grains en remuant pour éviter les grumeaux. Couvrir la casserole avec un couvercle, retirer du feu et maintenir à température pendant 1 heure en enveloppant la casserole dans une serviette épaisse. Ceci est votre "mash tun".

e) Pendant ce temps, dans une bouilloire séparée, chauffez encore 1,5 gallon d'eau à 170°. Il s'agit de votre "réservoir de liqueur chaude", qui fournit un réservoir d'eau chaude pour rincer les grains ultérieurement. Lorsque le réservoir de liqueur chaude arrive à température, amenez le brassin à 175° à feu moyen, puis éteignez le feu.

f) Placez une grande passoire à mailles fines (30,5 cm de diamètre a juste assez de capacité pour 5 livres de grain) sur le dessus d'une troisième cuve de brassage de 5 gallons. Versez le contenu de la purée à travers la passoire à mailles fines dans la bouilloire. Laisser reposer jusqu'à ce que le grain soit complètement égoutté.

g) Versez les 1,5 gallons d'eau de votre réservoir d'alcool chaud sur les grains dans la passoire, en rinçant tous les sucres supplémentaires à la surface des grains.

h) Lorsque vous avez terminé, goûtez les grains; toute douceur devrait disparaître. Si vous sentez un goût de sucre, chauffez plus d'eau à 170° et rincez les grains jusqu'à ce qu'ils aient un goût fade.

i) Vous devriez avoir environ 3 gallons de moût dans la bouilloire à ce stade. Porter à ébullition à feu vif, puis incorporer les herbes. Après 15 minutes, sentir la vapeur pour s'assurer qu'il n'y a pas d'arôme de maïs cuit (sulfure de diméthyle ou DMS).

j) À la fin de l'ébullition, éteignez le feu et placez le thermomètre dans le moût. Versez 2 gallons d'eau purifiée réfrigérée dans la bouilloire, en augmentant le volume à 5 gallons et en abaissant la température entre 120 et 130 °F. Remuer vigoureusement avec une grande cuillère pour refroidir davantage si la température est un peu élevée.

k) Une fois à température, versez tous les liquides et solides du starter bactérien de l'étape 1 directement dans la bouilloire. Couvrir hermétiquement avec du papier d'aluminium ou une pellicule plastique et isoler avec une serviette de bain épaisse, en maintenant à température pendant 24 heures pour assurer une formation d'acide suffisante.

l) 24 heures plus tard, désinfectez votre bonbonne de fermentation en diluant 1 cuillère à café de désinfectant Starsan dans un gallon d'eau à l'intérieur de la bonbonne. Secouez et roulez la tourie sur le côté pour vous assurer que le liquide touche toutes les surfaces intérieures et l'ouverture. Versez lorsque vous avez terminé.

m) Versez 10 onces de votre bière aigre non pasteurisée achetée en magasin (réservez-la pour votre plaisir bien mérité), en réservant un peu plus de 3 onces (environ le quart inférieur de la bouteille) de liquide et de levure et de lie riche en bactéries du fond. À l'aide d'un dispositif d'auto-siphon, transférez le moût aigre dans la bonbonne, puis versez le liquide restant et la lie dans la bonbonne.

n) Ajoutez un sas et un bouchon en caoutchouc sur le dessus, puis placez-le dans un endroit frais entre 60 et 70 degrés pour favoriser l'activité de la levure plutôt que la croissance bactérienne et l'acidification.

o) Goûtez périodiquement, à l'aide de votre pipette réservée aux bières acides, à partir d'environ 2 semaines à compter du premier jour de brassage. Lorsque la bière est à la fois acidulée et légèrement beurrée (du diacétyle), ajoutez les brettanomyces en versant le flacon plein dans la bonbonne.

p) Goûtez à nouveau avec une pipette environ une semaine après l'ajout de brettanomyces. Si la saveur de beurre s'est dissipée et que la bière a un goût "brillant", utilisez un hydromètre désinfecté, un pot de test et une pipette pour prélever un échantillon. Si la gravité spécifique est égale ou inférieure à 1,010, la bière est prête à être transférée dans un fût ou des bouteilles ; sinon, continuer la fermentation jusqu'à atteindre cet objectif. Ne remplacez pas la bière testée dans la bonbonne.

q) Pour carbonater, chauffer 1 tasse d'eau à ébullition, puis éteindre le feu et ajouter 4,5 onces de dextrose (sucre de maïs) à l'eau chaude et remuer jusqu'à dissolution. Verser dans la bonbonne à travers un entonnoir aseptisé et laisser reposer pendant 10 minutes, puis utiliser un siphon automatique pour transférer le liquide dans des bouteilles, ajouter des bouchons et les sceller au fur et à mesure.

r) Cela devrait donner environ 48 bouteilles de 12 onces.

s) Vous pouvez également transférer dans un fût désinfecté et carbonater en suivant les instructions de carbonatation du fût. Pour une carbonatation naturelle, la bière devrait être prête en 2 à 3 semaines.

27. Bière épicée Soltice

Rendement : 5 gallons (19 L)

Ingrédients:

- 8,0 lb (3,62 kg) d'extrait pâle

- 1,0 lb (0,45 kg) de sucre candi belge ambré (substitutions par ordre de préférence : sucre candi pâle, sucre de maïs)

- 1,0 lb (0,45 kg) de malt belge Special B

- 1,0 lb (0,45 kg) de malt de Vienne

- 1,0 lb (0,45 kg) de malt de Munich

- 1,0 lb (0,45 kg) de malt cristal à 75 °L

- 0,5 lb (25 g) d'orge en flocons (pour retenir la tête)

- 1,0 oz. (28 g) Granulés de houblon Chinook, 12,2 % aa (45 min)

- 1,0 oz. (28 g) Granulés de houblon Saaz (knock-out)

- 1 cuillère à soupe. gypse (ajouté à l'eau de purée)
- 0,5 c. Mousse d'Irlande (améliore la clarté)
- 0,25 c. gingembre séché
- 1 c. Noix de muscade
- 1 c. cannelle
- Le zeste d'1/2 orange
- Levure de bière de Londres (Wyeast 1028)

les directions:

a) Écraser les grains dans 2 gallons (7,6 litres) d'eau à 156°F (69°C) pendant 30 minutes. Asperger avec 2 gallons (7,6 litres) d'eau à 180°F (82°C).

b) Pour le trempage des grains : mettez les grains dans un sac dans la quantité d'eau froide que vous utilisez normalement pour le brassage. Chauffer l'eau à 150 à

160°F (66 à 71°C), laisser reposer 5 minutes, enlever les grains.

c) Pour le tout-grain : écraser dans 4 gallons (15,1 litres) d'eau à 156°F (69°C) pendant 45 minutes, arroser avec 3 gallons (11,4 litres) d'eau à 180°F (82°C).

d) Ajouter l'extrait et le sucre candi et porter à ébullition. Ajouter le houblon Chinook et faire bouillir pendant 45 minutes.

e) Ajouter les épices et la mousse d'Irlande et faire bouillir 15 minutes de plus. Ajouter le houblon Saaz en fin d'ébullition.

f) Réfrigérer et lancer la levure ; fermenter à 65°F (18°C) pendant deux semaines.

g) Laissez vieillir au moins deux semaines de plus avant de boire.

28. Tripel Belge Triple Down

Rendement : 5 gallons (18,9 L)

Ingrédients:

- 12 livres (5,44 kg) de malt Briess Pilsen
- 1,25 lb (0,57 kg) de malt Dingeman's Cara 8
- 1 lb (0,45 kg) de flocons de riz
- 1 lb (0,45 kg) de sirop de riz ou de solides de sirop de riz à 0 min.
- 1 once. (28 g) Styrian Goldings, 6% aa (60 min.)
- 1 once. (28 g) Styrian Goldings, 6% aa (30 min.)
- 1 once. (28 g) Styrian Goldings, 6% aa (0 min.)
- Levure de bière Wyeast 3787 Trappist High Gravity
- Levure Wyeast 3711 French Saison Ale

les directions:

a) Amener 4,75 gal (17,9 L) d'eau de purée à 167 °F (75 °C) et écraser les grains à 154 °F (68 °C) pendant 1 heure.

b) Chauffez 4,5 gal (17 L) d'eau d'aspersion à 180 °F (82 °C) dans une bouilloire. Arroser, recueillir 6,25 gal (23,7 L) de moût dans une bouilloire à ébullition et faire bouillir pendant 60 minutes, en ajoutant du houblon comme indiqué.

c) Refroidir le moût à 72°F (22°C), le transférer dans le fermenteur et ensemencer les deux levures. Fermenter pendant 2 semaines à 70-72°F (21-22°C), puis passer au secondaire et laisser conditionner pendant 2 semaines à 72-75°F (22-24°C) avant l'emballage et le service.

29. P'tit lourd

Rendement : 5,5 gallons américains (20,8 L)

Ingrédients:

Malts

- 18,25 lb (8,28 kg) de malt pâle Golden Promise
- 8 onces. (227 g) 500° L d'orge torréfiée

Houblon

- 3 onces. (57 g) East Kent Goldings, 5% aa @ 60 min

Levure

- White Labs WLP028 Edinburgh Scottish Ale ou Wyeast 1728 Levure Scottish Ale (de préférence une bouillie de levure fraîche d'une bière écossaise.)

Eléments supplémentaires

- 1 comprimé Whirlfloc ou 1 c. (5 g) mousse d'Irlande @ 15 min

- 1/2 c. (2,2 g) nutriment de levure @ 15 min

les directions:

a) Écraser les grains à 152 °F (67 °C) pendant une heure. Écrasez à 168 ° F (76 ° C) et aspergez à 170 ° F (77 ° C).

b) Recueillir suffisamment de moût pour tenir compte de l'évaporation de la longue ébullition de 120 minutes.

c) Au bout d'une heure, ajoutez le houblon de 60 minutes. À 15 minutes, ajoutez soit 1 comprimé Whirlfloc ou 1 c. (5 g) de mousse d'Irlande et le nutriment de la levure.

d) Après l'ébullition, remuez vigoureusement le moût pour créer un tourbillon et faire précipiter le mélange.

e) Refroidir le moût à 63° F (17° C) aussi rapidement que possible, couler dans un fermenteur, ensemencer la levure et oxygéner pendant 1 minute en utilisant de l'oxygène pur.

f) La fermentation doit pouvoir monter librement à 67° F (19° C) pendant les 4 premiers jours. Il peut ensuite continuer à cette température pendant encore 2 semaines, ou jusqu'à ce que la gravité terminale soit atteinte.

g) Transférer dans le secondaire (verre ou acier inoxydable de préférence) et refroidir à 36 °F (2 °C) et à froid pendant 2 à 4 semaines. La bière peut ensuite être conditionnée en fûts ou en bouteilles jusqu'à 10 mois à température de cave avant d'être servie

30. Mangouste

Rendement : 5 gal US. (18,9 L)

Ingrédients:

Malts

- 5 livres (2,27 kg) de malt Pilsner
- 2,5 lb (1,13 kg) de malt de blé blanc
- 2,5 lb (1,13 kg) de malt de blé rouge

Houblon

- 0,75 oz. (21 g) Saz @ 30 min

Eléments supplémentaires

- 0,25 oz. (7 g) de graines de coriandre broyées @ 10 min
- 0,5 oz. (14 g) sel de mer @ 10 min
- 4 lb (1,81 kg) de morceaux de mangue surgelés, décongelés, 5 jours en secondaire
- acide lactique facultatif, selon les besoins pour l'ajustement du pH

Levures et bactéries

- 1 carton Goodbelly Mango JuiceDrink
- 2 paquets Fermentis SafAle US-05

les directions:

a) Écrasez à 148 °F (64 °C) pendant 75 minutes et aspergez comme d'habitude pour recueillir le volume complet de pré-ébullition. Porter le moût à ébullition, ou au moins à 180°F (82°C), juste pour le stériliser.

b) Refroidir le moût à 110°F (43°C). Vérifiez le pH et la gravité, et ajoutez de l'acide lactique, si nécessaire, pour réduire le pH à 4,5 pour plus de sécurité.

c) Décanter le jus de Goodbelly et verser le sédiment de Lactobacillus dans le moût. Gardez ce moût à environ 90-100 ° F (32-38 ° C) pendant deux jours pour que l'acidification ait lieu.

d) Après deux jours, mesurer le pH et la gravité. La gravité ne devrait pas avoir beaucoup changé, mais le pH devrait être tombé dans les 3s (le nôtre est tombé à environ 3,3). Le moût aigre doit avoir une odeur propre et aigre d'herbe. S'il sent le vomi, il a été infecté par autre chose et vous devrez peut-être le jeter.

e) Porter le moût aigre à ébullition et ajouter le houblon et les épices aux moments indiqués. Réfrigérer à 70°F (21°C), passer au fermenteur et planter US-05.

f) À la fin de la fermentation, décongelez et recongelez la mangue deux ou trois fois pour aider à briser les parois cellulaires du fruit. Lorsque la fermentation est terminée, ajoutez la mangue décongelée et laissez-la reposer dans le fermenteur pendant cinq jours.

g) Crash à froid pendant deux jours et assurez-vous que les fruits se sont déposés au fond du fermenteur avant l'emballage.

31. Bière aux épices et aux herbes

Rendement : 6,1 gal. (23L)

Ingrédients:

Malts

- 10 lb (4,54 kg) de malt Avangard Pilsner (87 %)
- 1 lb (454 g) de malt blanc de blé Briess (8,7 %)
- 125 grammes. (113 g) Briess Carapils (2.2%)
- 125 grammes. (113 g) Cargill (Gambrinus) Honey Malt (2.2%)

Houblon

- 1 once. (28 g) Hallertauer, 4 % aa, bouillir 60 min (13 IBU)
- 1 once. (28 g) Hallertauer, 4% aa, bouillir 15 min (6 IBU)
- 1 once. (28 g) Hallertauer, 4% aa, houblon sec 6 jours

Divers

- 0,46 g de chlorure de calcium – CaCl2 (moût)
- 0,41 g Sel d'Epsom – MgSO4 (moût)
- 0,41 g de gypse – CaSO4 (moût)
- 0,33 g de chlorure de calcium – CaCl2 (sparge)
- 0,3 g de sel d'Epsom – MgSO4 (sparge)
- 0,3 g de gypse – CaSO4 (sparge)
- 1 comprimé Whirlfloc (bouillir, 15 min)
- 5 lb d'ube rôti (primaire)

Levure

- 1 sachet Fermentis SafLager S-23
- Profil de l'eau
- Ca 21 ppm, Mg 3 ppm, Na 2 ppm, Cl 12 ppm, SO4 21 ppm, HCO3 25 ppm

les directions:

a) Écraser à 149°F (65°C) pendant 60 minutes.

b) Faire bouillir 60 minutes.

c) Fermentation en primaire pendant 14 jours à 68°F (20°C).

d) Carbonate à 2,4 vol. (4,8 g/L) CO_2

32. Porteur de la Baltique

Rendement : 6 gal US (22,7 L)

Ingrédients:

Malts

- 8,5 lb (3,86 kg) Weyermann Munich Type I
- 7,5 lb (3,40 kg) de malt fumé Weyermann
- 2 livres (907 g) Weyermann Munich Type II
- 1,25 lb (567 g) Dingemans Spécial B
- 1 lb (454 g) d'arôme Cara de Weyermann
- 1 lb (454 g) de blé au chocolat Weyermann
- 12 onces. (340 g) Briess Cristal 60
- 3 onces. (85 g) Weyermann Carafa II Spécial

Houblon

- 1,5 oz. (43 g) Magnum, 11,8 % aa @ 60 min
- 1,25 oz. (35 g) Hallertau Mittelfrüh, 3,9 % aa @ 15 min

Levure

- 2 packs en 10 L starter Fermentis Saflager W-34/70
- 1 lb (454 g) de mélasse à pâte

Traitement de l'eau

- Pour une eau peu minérale, ajouter 1 c. chlorure de calcium et ½ cuillère à café de gypse.

les directions:

a) Écraser à 153°F (67°C) pendant 60 minutes.

b) Arrosez, ajoutez la mélasse et faites bouillir 90 minutes, en ajoutant du houblon comme indiqué.

c) Fermenter en utilisant la méthode fast lager dans l'article. Coup de froid.

d) Ajouter la levure Safale US-05 et 2,5 oz. (71 g) de sucre de table à mettre en bouteille ou en fût pour obtenir 2,5 vol. (5 g/L) CO_2. Lager pendant deux mois à 35°F (2°C).

33. Stout irlandais

Rendement : 5 gal US. (18,9 L)

Ingrédients:

Malts

- 6,5 lb de malt pâle Maris Otter
- 2 lb d'orge en flocons
- 1,5 lb d'orge torréfiée à 550°L
- 125 grammes. Malt noir 550°L

Houblon

- 0,75 oz. (21 g) Pépite, 11% aa @ 60 min
- 0,5 oz. (14 g) Galène, 11% aa @ 30 min
- 0,5 oz. (14 g) East Kent Goldings, 4,5 % aa @ 10 min

Levure

- Impérial A10 Ténèbres

les directions:

a) Écraser à 152°F (67°C) pendant 60 minutes.

b) Faire bouillir 60 minutes en ajoutant le houblon comme indiqué.

c) Fermentation à 64°F (18°C) jusqu'à ce que la gravité spécifique se stabilise à ou près de 1,014 (3,6°P).

d) Paquet avec 1.1 vol. (2,2 g/L) de CO_2 et éventuellement servir sur nitro.

34. Tchèque Dark Lager

Rendement : 5,5 gallons (21 L)

Ingrédients:

- 6 lb (2,7 kg) de malt allemand de Vienne (Weyermann) - Mash

- 2 lb (907 g) de malt allemand de Munich (Weyermann) - Purée

- 8 oz (227 g) de malt foncé de Munich (Weyermann) - Purée

- 8 oz (227 g) Caramunich II (Weyermann) - Vorlauf

- 8 oz (227 g) Carafa II Spécial (Weyermann) - Vorlauf

- 0,65 oz (18 g) de granulés tchèques Saaz 3,6 % - FWH

- 0,65 oz (18 g) de granulés tchèques Saaz 3,6 % à 60 min

- 0,65 oz (18 g) de granulés de Saaz tchèque à 3,6 % à 0 min

- White Labs WLP802 Levure tchèque Budejovice Lager

les directions:

a) Traitement de l'eau : eau osmosée traitée avec ¼ c. à thé d'acide phosphorique à 10 % par 5 gallons

b) 1 cuillère à café de CaCl2 dans la purée. Technique de purée : Step mash, mashout, grains noirs ajoutés au vorlauf

c) La purée repose : 131°F (55°C) 15 minutes, 147°F (64°C) 30 minutes, 158°F (70°C) 30 minutes, 170°F (77°C) 15 minutes.

35. Smoking Speedo Noir IPA

Rendement : 5 gallons US (19 L)

Ingrédients:

Malts

- 10 lb (4,53 kg) de malt pâle à deux rangs
- 1,4 lb (649 g) de malt de dextrine
- 8,6 onces. (244 g) malt cristal 120° L
- 11,4 onces. (324 g) de malt noir patenté (en purée)

Houblon

- 0,18 oz. (5 g) Pastilles Columbus, 15 % aa (60 min), 12.2. IBU
- 0,36 oz. (10 g) granulés Simcoe, 13 % aa (60 min), 21,1 IBU
- 0,43 oz. (12 g) pastilles Cascade, 5,75 % aa (45 min), 10 IBU
- 1,43 oz. (41 g) pastilles Cascade, 5,75 % aa (15 min), 10 IBU

- 1,43 oz. (41 g) Granulés Chinook, 13 % aa (15 min), 22,5 IBU
- 1,43 oz. (41 g) Pastilles Amarillo (0 min)
- 0,71 oz. (20 g) Pastilles Cascade (sec, 21 jours)
- 0,71 oz. (20 g) Pastilles de mosaïque (sec, 21 jours)

Autres ingrédients

- 1 c. (5 g) de mousse d'Irlande

Levure

- Levure de bière américaine

les directions:

a) Écrasez les grains à 152 °F (67 °C) pendant une heure.

b) Fermenter à 68°F (20°C) jusqu'à ce que la gravité terminale soit atteinte.

c) Ajoutez du houblon sec en secondaire et emballez après trois semaines.

36. Dunkelweizendoppelbock

Rendement : 5 gallons US (19 L)

Ingrédients:

Malts

- 9,28 livres (4,21 kg) de malt Pilsner (46,5 %)
- 5,39 lb (2,44 kg) de malt de blé (27 %)
- 3,0 lb (1,36 kg) de malt de blé noir (15 %)
- 1,5 lb (680 g) de malt (7,5 %)
- 0,6 lb (272 g) de malt acidulé (3 %)
- 0,2 lb (90 g) de malt de blé au chocolat torréfié (1 %)
- 1,6 lb (723 g) de balles de riz

Houblon

- 0,5 oz. (14 g) Herkules, 14,5 % aa, 60 min
- 0,3 oz. (7 g) Saphir, 3,25 % aa, 10 min
- 0,8 oz. (21 g) Saphir, 3,25 % aa, 5 min

Levure

- Fermentis WB-06 ou Fermentis Safbrew Abbaye

les directions:

a) Pâte à environ 113°F (45°C) pour une hydratation de 30 minutes et un repos bêta-glucanase.

b) Après le repos cytolytique, infuser la purée avec de la liqueur de brassage chaude pour élever la température à 122°F (50°C) pendant un repos protéolytique de 30 minutes à la température de performance maximale de la protéase.

c) Ensuite, élevez la purée à 65 °C (149 °F), la température de performance maximale de la bêta-amylase. Cela assure la production de beaucoup de fermentescibles, et donc d'alcool. Prévoyez 30 minutes pour ce repos diastatique.

d) Répétez la montée en température une dernière fois pour atteindre le pic de température de l'alpha amylase de 162°F (72°C). Reposez à nouveau la purée, cette fois pendant 15 minutes, pour convertir les amidons restants en dextrines non fermentescibles pour donner plus de corps à la bière finie.

e) Recirculer soigneusement le moût pendant peut-être 30 minutes. Ensuite, aspergez et filtrez simultanément. Utilisez la liqueur d'aspersion chaude pour élever la température du lit de grains à la température de brassage de 170°F (77°C). Le ruissellement risque d'être lent ! Arrêtez le barbotage dès que la gravité de la bouilloire est d'environ 1,086 (20,8 °P), en supposant un taux d'évaporation de 10 % pendant une ébullition de 90 minutes.

f) Prolongez ensuite l'ébullition jusqu'à ce que la gravité nette de la marmite de 24 °P soit atteinte par évaporation. Lors de la pesée des ajouts de houblon, ajustez les quantités au volume net projeté de la marmite.

g) Faire bouillir pendant au moins 90 minutes (ou plus si la gravité d'origine au début de l'ébullition est un problème). Ajouter le houblon amer 60 minutes avant l'heure d'arrêt prévue.

h) Ajoutez de la saveur Houblon avec 10 minutes de temps d'ébullition restantes. Ajouter l'arôme Houblon 5 minutes avant l'arrêt. Bain à remous et détente. Mettez environ deux fois plus de levure que vous le feriez normalement pour une infusion «régulière» et aérez bien.

i) Fermentation primaire du brassin au milieu de la plage de température préférée de la levure sélectionnée pendant un total de 3 semaines.

j) À la fin de la fermentation primaire, soutirer l'infusion dans une cuve propre pendant 7 à 8 jours de fermentation secondaire. Amorcer et embouteiller le breuvage.

k) Enfin, ajustez la carbonatation dans le fût à 3,3 à 4,5 volumes (6,6 à 9 g/L) de CO_2 avant de le distribuer non filtré du fût.

37. Triplex

Rendement : 6 gallons (22,7 L)

Ingrédients:

- 7,2 lb (3,26 kg) English Pale Ale LME (3,5 °L) | 68,9 %

- 1,0 lb (0,45 kg) poudre de lactose (sucre de lait) (0 °L) | 9,6 %

- 1,0 lb (0,45 kg) Malt verni noir (525 °L) | 9,6 %

- 0,75 lb (340 g) Cristal (80 °L) | 7,2 %

- 0,5 lb (227 g) Malt au chocolat pâle (200 °L) | 4,8 %

- 1,5 oz (43 g) Kent Goldings 5 % AA à 60 minutes

- Levure (White Labs WLP006 Bedford British, Wyeast 1099 Whitbread Ale ou Fermentis Safale S-04

les directions:

a) Utilisez 11 grammes de levure correctement réhydratée, 2 sachets de levure liquide ou faites une entrée appropriée.

b) Fermentation à 68 °F (20 °C).

c) Lorsque vous avez terminé, carbonatez la bière à environ 1,5 à 2 volumes.

d) Option tout grain Remplacez l'extrait anglais par 4,53 kg (10 lb) de malt British Pale Ale. Écraser pendant 60 minutes à 151 °F (66 °C). Photo © Siggi Churchill Flickr CC

38. Pilsner allemande

Ingrédients:

- 9,5 livres (4,3 kg) de malt Briess Vienna GoldPils

- 2 oz. (56 g) Houblon Hallertauer allemand, 4,4 % aa (60 min.)

- 1 once. (28 g) Granulés de houblon Saphir allemand, 4,5% aa (20 min.)

- 1 once. (28 g) granulés de houblon Saphir allemand, 4,5 % aa (houblon sec)

- 0,25 c. (1 g) poudre de mousse d'Irlande

- Levure de bière blonde allemande ou bavaroise. (Charlie utilise White Labs Cry Havoc)

- 0,75 tasse (175 ml) de sucre de maïs (bouteilles d'amorçage) ou 0,33 tasse (80 ml) de sucre de maïs pour le fût

les directions:

a) Une purée d'infusion par étape est utilisée pour écraser les grains. Ajouter

9,5 pintes (9 L) d'eau à 140 °F (60 °C) au grain broyé, remuer, stabiliser et maintenir la température à 132 °F (56 °C) pendant 30 minutes. Ajoutez 4,75 pintes (4,5 L) d'eau bouillante, ajoutez de la chaleur pour amener la température à 155 °F (68 °C) et maintenez pendant environ 30 minutes.

b) Augmentez la température à 167 °F (75 °C), filtrez et aspergez avec 3,5 gallons (13,5 L) d'eau à 170 °F (77 °C). Recueillir environ 5,5 gallons (21 L) de ruissellement. Ajouter le houblon de 60 minutes et porter à ébullition complète et vigoureuse. Le temps d'ébullition total sera de 60 minutes. Lorsqu'il reste 20 minutes, ajoutez le houblon de 20 minutes. Lorsqu'il reste 10 minutes, ajouter la mousse d'Irlande.

c) Après une ébullition totale du moût de 60 minutes, éteignez le feu et placez la casserole (avec couvercle) dans un bain d'eau froide pendant 30 minutes. Continuez à refroidir dans l'immersion ou utilisez d'autres méthodes pour refroidir votre moût. Transférer le moût dans un fermenteur aseptisé. Amenez le volume total à 5,5 gallons (21 L) avec de l'eau froide supplémentaire si nécessaire.

d) Bien aérer le moût. Ensemencer la levure lorsque la température du moût est d'environ 70 °F (21 °C).

e) Une fois que des signes visibles de fermentation sont évidents, fermenter à des températures d'environ 55°F (12,5°C) pendant environ une semaine ou jusqu'à ce que la fermentation montre des signes de calme et d'arrêt.

f) Passez du primaire au secondaire et ajoutez les granulés de houblon pour le houblonnage à sec. Si vous en avez la capacité, «lager» la bière à des températures de 35 à 45 ° F (2 à 7 ° C) pendant 3 à 6 semaines. Amorcez avec du sucre et une bouteille ou un fût lorsque vous avez terminé.

39. Diable Lord Hobo

Rendement : 5,5 gallons (20,82 L)

Ingrédients:

- Pilsner bohémienne classique
- 11,0 lb (4,99 kg) de malt Pilsner belge
- 2,25 onces. (63 g) Saaz, 4,5 % aa (60 min.)
- 1,0 oz. (28 g) Saaz, 4,5 % aa (0 min.)
- Levure Wyeast 2124 Bohemian Lager
- Transformateur : Hobo Devil
- Ajouter 0,5 lb (227 g) de malt aromatique.
- Ajouter 2 lb (0,9 kg) de sucre de table à ébullition.
- Diminuez l'ajout d'amertume de Saaz à 2,0 oz. (57 g).
- Remplacez la levure Wyeast 1388 Belgian Strong Ale par la levure Bohemian Lager.

les directions:

a) Ajustez l'eau avec du chlorure de calcium (environ 1 c. à thé ou 5 ml pour une source d'eau neutre) et un minimum d'autres minéraux. Frappez avec 16 pintes (15,14 L) d'eau à 134 °F (57 °C) pour laisser reposer à 122 °F (50 °C) pendant 20 minutes.

b) Décoction #1 : Tirez une décoction épaisse de 1/3 de la purée avec un minimum de liquide. Chauffer la décoction à 152°F (67°C) et maintenir pendant 20 minutes dans un récipient séparé, puis porter à ébullition en remuant. Remettre la décoction dans la purée principale pour augmenter la température à environ 150°F (66°C).

c) Décoction #2 : Tirez une décoction épaisse de 1/3 de la purée avec un minimum de liquide et portez à ébullition. Ajouter à la purée principale pour augmenter la température à 168 °F (76 °C) pour une purée de 10 minutes.

Fermentation pendant deux semaines à 48–50°F (9–10°C).

d) Monter à 54 °F (18 °C) pendant 24 heures, puis chuter à 35 °F (2 °C) et condition froide pendant deux semaines supplémentaires.

40. Porter Basilic Framboise Vieilli

Rendement : 5 gallons (19 L)

Ingrédients:

- 7,75 lb (3,5 kg) Amérique du Nord à deux rangées
- 1,0 lb (0,45 kg) de malt au chocolat
- 0,5 lb (0,2 kg) de malt noir
- 0,6 lb (0,3 kg) 60 L de malt cristal
- 0,25 lb (0,1 kg) de malt de blé
- 17 g (0,6 oz) de houblon Columbus (60 minutes)
- 19 g (0,7 oz) de houblon Vanguard (5 minutes)
- 25,6 fl. oz concentré de jus de framboise (65 Brix)
- Une bonne poignée de feuilles de basilic thaï
- Belle levure de bière anglaise

- 10,0 oz (0,28 kg) de bâtons de bois Palo Santo

les directions:

a) Mélanger avec 3 gallons (11,4 L) d'eau pour atteindre une température de frappe de 152°F (66°C). Reposez-vous pendant 30 minutes.

b) Vorlauf pour obtenir un moût de clarté acceptable, libre ou à grosses particules.

c) Recueillez suffisamment de moût en prévision de l'envoi de 5,5 gallons à votre fermenteur en gardant à l'esprit que vous ajouterez environ un quart de gallon de liquide à la fin de l'ébullition sous forme de concentré de jus de framboise.

d) Faire bouillir pendant 10 minutes et ajouter tout le houblon columbus. Faire bouillir encore 55 minutes et ajouter le houblon Vanguard.

e) Après encore 5 minutes d'ébullition, retirer le feu de la bouilloire et incorporer le concentré de jus de framboise et laisser reposer 10 minutes.

f) Refroidissez le moût et envoyez-le au fermenteur primaire. Aérer le moût et ensemencer la levure.

g) Une fois que la bière atteint sa gravité terminale d'environ 1,015 (3,8° Platon), préparez un fermenteur secondaire.

h) Ajoutez-y le basilic qui sera macéré avec un peu d'alcool neutre et les bâtonnets de bois de Palo Santo, qui peuvent être trempés pendant 10 minutes dans de l'eau à 185°F (85°C) acidifiée avec de l'acide phosphorique de qualité alimentaire à une concentration d'environ 0,25 pour cent ou à la vapeur pour désinfecter.

i) Soutenez la bière au secondaire et laissez-la vieillir pendant environ trois semaines. Emballez-le comme vous le feriez normalement et profitez-en.

41. Bière d'épinette

Ingrédients

- 1 litre d'eau
- Sac en plastique de 1 gallon rempli de branches d'épinette (les pointes et les nouvelles pousses)
- 1 tasse de sirop d'érable foncé
- 1/4 once de houblon (comme Willamette et Centennial)
- 1 sachet de levure de bière
- 6 raisins secs
- 5 baies de piment de la Jamaïque, concassées (facultatif)
- 1 cuillère à café de gingembre moulu (facultatif)

les directions:

a) Faire bouillir l'eau, le houblon et les épices dans une grande casserole pendant 20 minutes. Ajouter les branches d'épinette et faire bouillir encore 10 minutes. Filtrer le mélange à travers un sac à infusion en filet (si vous en avez un) ou une passoire en métal. Laisser reposer le liquide jusqu'à ce qu'il soit chaud.

b) Désinfectez une cruche en verre d'un gallon (appelée fermenteur). Vous pouvez le faire avec un désinfectant sans rinçage, que vous trouverez dans les magasins de brassage. Versez le liquide chaud de l'épinette dans la cruche; si vous utilisez un entonnoir, assurez-vous de le désinfecter également. Ajouter la levure et le sucre. Bouchez la cruche avec un bouchon en caoutchouc aseptisé et un sas. Conserver dans un endroit frais et sombre et laisser fermenter pendant 2 à 4 jours, ou jusqu'à ce qu'il arrête de bouillonner.

c) Désinfectez vos bouteilles (Lohman préfère les bouteilles à bouchon clip de 250 millilitres, mais vous pouvez les embouteiller dans de petites bouteilles de bière traditionnelles) en les faisant bouillir pendant 30 minutes, puis en les laissant refroidir à l'envers. Mettez trois raisins secs au fond de chaque bouteille et remplissez avec le liquide.

d) Laisser reposer encore deux jours, puis réfrigérer.

e) Oubliez cela et vous pourriez vous diriger vers une mort triste et vinaigrée, au lieu du bonheur de la bière d'ortie.

42. Bière d'ortie

Ingrédients

- 1 kg de fanes d'orties
- 4l d'eau
- 1 citron, jus
- 750g de sucre
- 25g de crème de tartre
- 1 sachet de levure de bière

les directions:

a) Lavez d'abord soigneusement les têtes d'orties dans l'évier, puis égouttez-les. Si vous avez une essoreuse à salade, c'est très utile pour éjecter les bestioles effrayantes qui pourraient se cacher dans les feuilles.

b) Ensuite, portez l'eau à ébullition dans une marmite et jetez-y les têtes d'orties. Faites bouillir fort pendant 15 minutes, puis filtrez soigneusement dans une autre marmite.

c) Incorporer le sucre, le jus de citron et la crème de tartre jusqu'à ce que tout soit dissous, et laisser refroidir à température ambiante la bière d'ortie

d) Placez (ou saupoudrez) la levure de bière sur la surface de l'infusion d'ortie, puis couvrez d'un chiffon en mousseline ou d'un torchon et laissez reposer toute la nuit

e) Le lendemain, prenez une bouteille dame-jeanne et versez-y l'infusion à l'aide d'un entonnoir. Garnir d'un bouchon et d'un sas à eau puis laisser fermenter et bouillonner jusqu'à 6 jours

f) Siphonnez dans des bouteilles brunes propres, bouchez-les, puis laissez refroidir au réfrigérateur pendant une autre semaine.

43. Bière NorCal Gose

Ingrédients

- 29 onces d'extrait sec de malt de blé (54%)
- 12 onces d'extrait de malt sec léger (22%)
- 13 onces de malt acidulé, broyé (24%)
- 10 grammes de houblon à faible teneur en acide alpha, comme Saaz ou Styrian Goldings (granulés)
- 20 grammes de baies de genièvre, écrasées
- Zeste pelé de 1 citron
- 14 grammes de sel de mer
- 1 tablette Whirlfloc (facultatif)
- White Labs German Ale/Kolsch WL029, à température ambiante
- 2 à 3 cuillères à café d'acide lactique à 88% (facultatif)

les directions

a) Écraser le malt acide. Mettez le malt acidulé dans un sac à grains ou attachez-le lâchement dans une étamine et couvrez-le avec 2 litres d'eau. Portez-le à 150 ° F à 155 ° F à feu moyen et maintenez-le à cette température pendant 30 minutes. Retirez le sac et placez-le sur le pot dans une passoire. Versez 2 litres d'eau chauffée à 170°F dessus pour rincer le grain. Laissez le sac égoutter pendant 10 minutes, puis retirez-le. Jeter le grain ou le donner aux animaux.

b) Commencez l'ébullition. Ajoutez 3 gallons d'eau supplémentaires dans la casserole et portez à ébullition. Au fur et à mesure que l'eau se réchauffe, incorporez les deux extraits en vous assurant qu'il n'y a pas de grumeaux. Lorsque vous atteignez une ébullition, ajoutez le houblon et réglez la minuterie sur 1 heure.

c) Ajouter les assaisonnements. À 10 minutes de la fin, ajoutez le genévrier, le sel et le zeste de citron, ainsi que la pastille Whirlfloc si vous en utilisez. Si vous avez un refroidisseur de moût, il est maintenant temps de le mettre dans le moût bouillant pour qu'il puisse se désinfecter.

d) Crash chill le moût. Utilisez votre refroidisseur de moût pour refroidir le moût à 75 ° F ou moins, selon la température de votre eau du robinet. Ou, mettez le pot dans une glacière avec beaucoup d'eau glacée. Utilisez une cuillère en métal propre pour créer un tourbillon dans le moût, ce qui l'aidera à refroidir plus rapidement. J'espère que vous verrez des morceaux noueux dans le moût qui ressemblent à de la soupe aux œufs ou à la séparation du miso dans la soupe : c'est du crash froid, et le voir signifie que vous aurez une bière plus claire.

e) Déplacez le moût vers le fermenteur. Ajouter la levure au fermenteur

f) Placez un sas aseptisé sur le fermenteur et placez la bière dans un endroit où elle peut fermenter au frais, idéalement entre 66°F et 69°F. Laissez-le là pendant 1 semaine.

g) Soutirez la bière à un secondaire. S'il y a beaucoup de crasse dans le fermenteur, transférez la bière du fermenteur primaire vers un fermenteur secondaire désinfecté - celui-ci doit être une tourie en verre. Je ne le fais que s'il y a beaucoup de crud dans le fermenteur. Dans tous les cas, laissez la bière finir de fermenter pendant 1 semaine de plus.

h) Mettez la bière en bouteille ou en fût. Si vous embouteillez, vous voulez ajouter suffisamment de sucre d'amorçage au lot pour obtenir environ 3,4 volumes de CO_2. Si vous utilisez de l'acide lactique, ajoutez-le à la bière avec le sucre d'amorçage avant la mise en bouteille. Etat de la bouteille 2 semaines avant consommation.

44. Root Beer lacto-fermentée

Ingrédients:

- 2-1/2 litres d'eau filtrée
- 1/2 tasse de racine de salsepareille séchée et hachée
- 1/4 tasse de racine de sassafras séchée et hachée
- 1-1/4 à 1-1/2 tasses de sucre de canne entier non raffiné (rapadura ou Sucanat)
- 3/4 tasse de lactosérum
- Bouteilles à couvercle basculant de 3 pintes, soigneusement nettoyées

les directions:

a) Mettre les racines et le sucre dans une grande casserole. Ajouter 3 litres d'eau filtrée. Porter à ébullition à feu vif, puis réduire le feu à doux et laisser mijoter pendant 20 minutes. Retirer du feu, couvrir et laisser reposer 30 minutes.

b) Filtrer les racines du liquide en plaçant un tamis à mailles fines dans un entonnoir qui s'insérera dans le goulot de la bouteille à couvercle basculant. Remplissez les bouteilles en laissant suffisamment d'espace libre pour contenir 1/4 de tasse de lactosérum ou de culture starter et il reste encore environ un pouce.

c) Lorsque la racinette a refroidi presque à température ambiante (ou environ 80 à 85 °F), ajoutez le lactosérum. Placez le capuchon fermement et secouez doucement pour mélanger. En laissant le bouchon, conserver à température ambiante pendant 2 à 4 jours, en vérifiant la carbonatation après 2 jours.

d) Réfrigérer lorsque l'infusion est suffisamment pétillante à votre goût. Ne pas stocker à température ambiante pendant de longues périodes car il y a toujours une possibilité (infime) que la bouteille puisse exploser si suffisamment de pression s'accumule à l'intérieur.

e) Si votre infusion ne devient pas pétillante, vous pouvez toujours en profiter en l'ajoutant à un verre d'eau minérale ou de kéfir d'eau.

45. American Old Guard Stout

Taille du lot : 5,5 gallons (21 litres)

Ingrédients

Facture Malt/Céréales

- 10 lb (4,5 kg) pâle à deux rangées
- 2 livres (907 g) Munich
- 1 lb (454 g) Cristal 60L
- 12 oz (340 g) Weyermann Carafa II
- 8 oz (227 g) d'orge grillée

Horaire du houblon

- 1 oz (28 g) Chinook [13% AA] à 60 minutes
- 1 oz (28 g) Centennial [10 % AA] à 10 minutes
- 1 oz (28 g) Cascade [7% AA] à l'extinction

Levure

- White Labs WLP001 California Ale

les directions

a) Moudre les grains et la purée à 154°F (68°C) pendant 60 minutes, en visant un pH de la purée de 5,5.

b) Monter à 168°F (76°C) pendant 10 minutes et écraser. Vorlauf jusqu'à ce que les coulures soient claires, puis coulez dans la bouilloire.

c) Arrosez les grains et faites l'appoint si nécessaire pour obtenir environ 26,5 litres (7 gallons) de moût ou plus, selon votre taux d'évaporation.

d) Faire bouillir pendant 60 minutes, en suivant le programme Houblon.

e) Après l'ébullition, refroidissez le moût à environ 67°F (19°C), aérez bien et plantez la levure.

f) Fermentation à 67°F (19°C). Une fois la fermentation terminée, écraser à froid, emballer et carbonater.

46. Hallertau Wolamot Doppelbock

Taille du lot : 5 gallons (19 litres)

Ingrédients

Facture Malt/Céréales

- 6,4 livres (2,9 kg) Rhön Pilsner
- 6,4 livres (2,9 kg) Rhön Müncher
- 14 oz (397 g) de Weyermann Carahell
- 6 oz (170 g) Weyermann Caramunich II
- 0,5 oz (14 g) Weyermann Carafa Spécial II

Horaire du houblon

- 0,55 oz (16 g) Perle à 75 minutes [13 IBU]
- 0,5 oz (14 g) Perle à 30 minutes [9 IBU]
- 0,2 oz (6 g) Hallertauer Mittelfrüh à l'extinction

Levure

- Fermentis SafLager W-34/70, ou souche de bière préférée

les directions

a) Moudre les grains et écraser à 122°F (50°C); monter à 126°F (52°C) et reposer 15 minutes; monter à 145°F (63°C) et reposer 30 minutes; puis monter à 162°F (72°C) et reposer 15 minutes.

b) Après cette étape vient une seule décoction : séparez un tiers de la purée dans un brûleur séparé, portez à ébullition et faites bouillir pendant 15 minutes. Réunissez la purée. Vorlauf jusqu'à ce que les coulures soient claires, puis coulez dans la bouilloire.

c) Aspergez et faites l'appoint si nécessaire pour obtenir environ 6,5 gallons (25 litres) de moût, ou plus, selon votre taux d'évaporation.

d) Faire bouillir pendant 75 minutes, en ajoutant du houblon selon le programme.

Réfrigérer à 46 ° F (8 ° C), bien aérer et verser beaucoup de levure saine.

e) Fermentation à 50°F (10°C) pendant environ 10 jours, jusqu'à ce que la fermentation soit terminée et que la bière ait éliminé le diacétyle.

f) Diminuez la température d'environ 4°F (2°C) par jour jusqu'à ce que vous atteigniez 32°F (0°C), puis lager pendant 4 à 6 semaines, emballer et carbonater.

47. Saison du petit fantôme

Taille du lot : 5,5 gallons (21 litres)

Ingrédients

Facture Malt/Céréales

- 7 lb (3,2 kg) de pilsner belge
- 1 lb (454 g) flocons d'avoine
- 8 oz (227 g) de carapils
- 4 oz (113 g) de malt aromatique

Calendrier des houblons et des ajouts

- 1,5 lb (680 g) de cassonade pâle à 90 minutes
- 1,5 oz (43 g) Hallertauer Tradition [AA 6 %] à 60 minutes
- 1 oz (28 g) Styrian Goldings [2,6 % AA] à 20 minutes

Levure

- East Coast Yeast Farmhouse Blend Isolate ECY03-B, ou un starter de levure fabriqué à partir de lie de bouteille Fantôme.

les directions

a) Moudre les grains et écraser à 150°F (66°C) pendant 60 minutes. Vorlauf jusqu'à ce que les coulures soient claires, puis coulez dans la bouilloire.

b) Arrosez les grains et faites l'appoint si nécessaire pour obtenir 7,3 gallons (28 litres) de moût ou plus, selon votre taux d'évaporation.

c) Faire bouillir pendant 90 minutes en suivant le programme Houblon et ajouts.

d) Après l'ébullition, refroidissez le moût à environ 63 ° F (17 ° C), aérez le moût et plantez la levure. Maintenez à 63-64 °F (17-18 °C) pendant 2-3 jours, puis laissez la température monter à 70-80 °F (21-27 °C) tempérée par un bain-marie.

e) Laisser fermenter complètement avant de conditionner.

48. White Rabbit Brown Ale

Ingrédients

Facture Malt/Céréales

- 9 lb (4,1 kg) Maris Loutre
- 8 oz (227 g) British Medium Crystal Malt (65L)
- 8 oz (227 g) Caramunich
- 12 oz (340 g) de malt au chocolat

Horaire du houblon

- 1 oz (28 g) Hallertau [4% AA] à 60 minutes
- 0,5 oz (14 g) Liberty [5 % AA] à 10 minutes
- 0,5 oz (14 g) Cristal [5 % AA] à 10 minutes
- 0,5 oz (14 g) Liberty au houblon sec
- 0,5 oz (14 g) Crystal au houblonnage sec

Levure

- Wyeast 1318 London Ale III

les directions

a) Moudre les grains et mélanger avec 3,36 gallons (12,7 l) d'eau à 163 °F (73 °C) pour atteindre une température de purée de 152 °F (67 °C). Maintenez cette température pendant 60 minutes. Vorlauf jusqu'à ce que vos courses soient claires, puis courez dans la bouilloire.

b) Arrosez les grains avec 3,9 gallons (14,7 l) et complétez au besoin pour obtenir 6 gallons (23 l) de moût. Faire bouillir pendant 60 minutes, en suivant le programme Houblon.

c) Après l'ébullition, réfrigérez le moût à une température légèrement inférieure à la température de fermentation, environ 63 °F (17 °C).

d) Aérez le moût avec de l'oxygène pur ou de l'air filtré et plantez la levure.

e) Fermentation à 65°F (18°C) pendant 7 jours, puis laisser la température monter à 68°F (20°C).

f) Faites monter la bière à 35°F (2°C), ajoutez le houblon sec, puis après 5 jours, embouteillez ou mettez la bière en fût et carbonatez à environ 2 volumes.

BIÈRES FUNKY

49. Lambic

Ingrédients

Projet de loi sur les céréales

- Malt Pilsner, Belge   50 % – 2,5 kg/5½ lb
- Blé, non malté   50 % – 2,5 kg/5½ lb

Houblon

- Houblon vieilli (brun, séché au soleil)
- Premier moût houblonné – 100g/3½oz

Levure

- Toute souche belge de Saccharomyces ou mélange de lambic, avec la lie d'au moins trois bouteilles de votre lambic préféré

les directions

a) Préparez vos levures et lies choisies. Vous n'avez pas à vous soucier des tarifs de présentation, ici. Nettoyez et préparez votre équipement de brassage.

b) Apportez 23 litres/pintes d'eau jusqu'à 53°C (127°F). Ce sera le début de votre purée de décoction

c) Incorporer la purée. Maintenir une température de purée de 50°C (122°F) pendant 30 minutes. C'est votre repos protéiné.

d) Versez 4 litres/pintes de la portion la plus épaisse de votre purée dans une grande casserole. Portez le tout à ébullition, puis ajoutez-le à votre purée et mélangez. Maintenez la température de votre purée à 60°C (140°F) pendant 30 minutes.

e) Prélevez encore 4 litres / pintes de la portion la plus épaisse de votre purée et faites-la bouillir. Ajoutez-le à nouveau pour maintenir une température de 70°C (158°F) pendant 30 minutes.

f) Mash out - augmentez la température de votre grain à 75 ° C (167 ° F). Vous pouvez le faire par décoction si vous le souhaitez.

g) Arrosez avec 4 litres/pintes d'eau à 75°C (167°F) pour atteindre votre volume de pré-ébullition de pas plus de 23 litres/pintes.

h) Ajoutez votre premier moût de houblon et faites bouillir votre moût pendant 90 minutes.

i) Refroidissez votre moût à 18°C (64°F). Mesurez votre gravité d'origine et rincez avec de l'eau sanitaire pour atteindre votre OG prévu.

j) Transférez votre moût dans un fermenteur propre et hygiénique. Ceci est toujours important, car nous ne voulons pas d'une infection par acetobacter. Aérez votre moût et plantez votre levure et vos lies.

k) Fermentez dans un fermenteur primaire à 18-20°C (64-68°F) pendant 2 mois à 1 an, ou jusqu'à ce que votre bière sente super funky et ait un goût agréable et aigre.

l) Éventuellement, mélangez vos lambics à votre goût ou placez-les dans un fermenteur secondaire avec 200 à 300 g (97 à 10½ oz) du fruit de votre choix par litre/quart.

m) Bouteille selon le style. J'opterais pour une carbonatation élevée pour les fruits ou les lambics mélangés - 140 g/5 oz de sucre de table blanc pour atteindre environ 3 volumes de CO_2.

50. Berliner weisse

Ingrédients

Projet de loi sur les céréales

- Malt Pilsner, Belge   66,7 % – 2 kg/4½ lb

- Blé, non malté   33,3 % – 1 kg/2¼ lb

Houblon

- Saaz (4% AA) Ajouté pendant la purée, retiré avec les grains - 50g/1¾oz

Levure

- Votre choix. J'opterais pour un mélange d'une souche saison et d'une souche Brett

les directions

a) Si vous faites une purée aigre, décidez de la quantité de céréales que vous souhaitez utiliser. Si vous utilisez tout cela, suivez les étapes normales de purée de décoction ci-dessous, mais laissez 1 à

3 jours entre la purée et l'ébullition, selon le goût.

b) Pour chaque 100g/3½oz de grain que vous utilisez, ajoutez 200g/7oz d'eau à 75°C (167°F) dans un seau en plastique (réservé aux acides). Ajoutez votre grain et mélangez.

c) Laisser refroidir cette purée pendant plusieurs heures. Une fois qu'il atteint 45 °C (113 °F), ajoutez une poignée de céréales. Mélangez-le, couvrez-le de film alimentaire et laissez-le en culture pendant 1 à 3 jours. Vous voulez le laisser dans un endroit aussi chaud que possible. Oui, ça sent le vomi. Ne vous inquiétez pas, cela disparaîtra dans l'ébullition.

d) Lors de la dégustation de la purée, il y a un petit risque que vous ayez cultivé de mauvaises bactéries qui pourraient vous rendre très malade. Faites bouillir votre échantillon avant de le déguster, juste pour être sûr.

e) Le jour de l'infusion, préparez les levures de votre choix. Nettoyez et préparez votre équipement de brassage.

f) Apportez 15 litres/pintes d'eau jusqu'à 53°C (127°F). Ce sera le début de votre purée de décoction.

g) Écraser avec les grains restants. Maintenir une température de purée d'environ 50°C (122°F) pendant 30 minutes. C'est votre repos protéiné.

h) Versez 2 litres/pintes de la portion la plus épaisse de votre purée dans une grande casserole. Portez le tout à ébullition, puis ajoutez-le à votre purée et mélangez. Maintenez la température de votre purée à environ 60°C (140°F) pendant 30 minutes.

i) Prélevez encore 2 litres / pintes de la portion la plus épaisse de votre purée et faites-la bouillir. Ajoutez-le à nouveau pour maintenir une température d'environ 70°C (158°F) pendant 30 minutes.

j) Mash out - augmentez la température de votre grain à 75 ° C (167 ° F). Vous pouvez le faire par décoction si vous le souhaitez.

k) Aspergez avec 4 litres/pintes d'eau à 75°C (167°F).

l) Ajoutez votre moût aigre, le cas échéant, et remplissez jusqu'à 22 litres/quartes maximum.

m) Ajoutez votre premier moût de houblon et faites bouillir votre moût pendant 90 minutes. Alternativement, vous pouvez faire bouillir sans houblon, refroidir et faire bouillir votre bière pendant 1 à 3 jours. Après ce temps, faites bouillir à nouveau normalement.

n) Refroidissez votre moût à 18°C (64°F). Mesurez votre OG et votre liqueur avec de l'eau sanitaire pour atteindre votre gravité initiale prévue.

o) Transférez votre moût dans un fermenteur propre et hygiénique. Aérez votre moût et plantez vos levures, et, éventuellement, votre poignée de céréales.

p) Fermentation en fermenteur primaire à 18-20°C (64-68°F) pendant 2 semaines à 2 mois, selon la levure utilisée. Si vous avez utilisé Brett, vous voudrez qu'il sente plutôt fruité et funky.

q) Bouteille à haute carbonatation - 140g/5oz de sucre de table blanc pour atteindre environ 3 volumes de CO_2

51. Ferme Brett

Ingrédients

Projet de loi sur les céréales

- Pale Malt, Belge   70 % – 3,5 kg/7¾ lb
- Malt de blé, belge   30 % – 1,5 kg/3¼ lb

Houblon

- Goldings de Styrie (5,4 % AA)
- Premier moût houblonné – 30g/1oz
- Goldings de Styrie (5,4 % AA)
- Faire bouillir 15 minutes – 20g/¾oz

Levure

- Au moins une levure de saison et une souche de Brettanomyces. Le mélange WLP670 American Farmhouse est bon et le mélange Yeast Bay saison/Brett est vraiment excellent.

les directions

a) Préparez vos levures choisies. Vous n'avez pas vraiment besoin de vous soucier des taux de pitch ici. Nettoyez et préparez votre équipement de brassage.

b) Apportez 23 litres/pintes d'eau jusqu'à 69°C (156°F).

c) Incorporer la purée. Maintenir une température de purée de 64,5 °C (148 °F) pendant 90 minutes.

d) Mash out - augmentez la température de votre grain à 75 ° C (167 ° F). Vous pouvez le faire par une méthode de décoction, si vous le souhaitez.

e) Arrosez avec 4 litres/pintes d'eau à 75°C (167°F) pour atteindre votre volume de pré-ébullition de pas plus de 23 litres/pintes.

f) Ajoutez votre premier moût de houblon et faites bouillir votre moût pendant 90 minutes.

g) Refroidissez votre moût à 18°C (64°F). Mesurez votre gravité d'origine et rincez avec de l'eau sanitaire pour atteindre votre OG prévu.

h) Transférez votre moût dans un fermenteur propre et hygiénique. Ceci est toujours important, car nous ne voulons pas particulièrement que cette bière soit infectée par d'autres organismes.

i) Aérez votre moût et plantez votre levure et vos lies.

j) Fermentez dans un fermenteur primaire à 18-20°C (64-68°F) pendant au moins 1-2 mois, ou jusqu'à ce que votre bière sente bon et fruité, avec un peu de funk. Il devrait avoir une bonne pellicule (croûte de Brett) sur le dessus.

k) Bouteille avec 140g/5oz de sucre de table blanc pour atteindre environ 3 volumes de CO_2. N'utilisez pas de bouteilles fragiles

52. Un moine nommé brett

Ingrédients

Projet de loi sur les céréales

- Pale Malt, Belge   65,2 %   - 3kg/6½lb
- Malt munichois 17,4 %   - 800g/1¾lb
- Malt de Caramunich   8,7 % - 400 g/14 oz
- Sucre en poudre   8,7 % - 400 g/14 oz

Houblon

- Hallertauer Mittelfrueh (4% AA)
- Premier moût houblonné - 40g/1½oz
- Goldings de Styrie (5,4 % AA)
- Faire bouillir 15 minutes - 30g/1oz
- Goldings de Styrie (5,4 % AA)
- Houblon sec - 30g/1oz

Levure

- Une levure d'abbaye belge, idéalement la levure d'Orval (WLP510).

- Une souche de Brettanomyces, idéalement cultivée à partir d'une bouteille d'Orval.

les directions

a) Préparez vos levures choisies. Vous devez lancer de manière appropriée. Nettoyez et préparez votre équipement de brassage.

b) Apportez 23 litres/pintes d'eau jusqu'à 70°C (158°F).

c) Incorporer la purée. Maintenir une température de purée de 65°C (149°F) pendant 60 minutes.

d) Mash out - augmentez la température de votre grain à 75 ° C (167 ° F). Vous pouvez le faire en utilisant une méthode de décoction, si vous le souhaitez.

e) Arrosez avec 4 litres/pintes d'eau à 75°C (167°F) pour atteindre votre volume de pré-ébullition de pas plus de 24 litres/pintes.

f) Ajoutez votre premier moût de houblon et faites bouillir votre moût pendant 90 minutes.

g) Refroidissez votre moût à 18°C (64°F). Mesurez votre gravité d'origine et rincez avec de l'eau sanitaire pour atteindre votre OG prévu.

h) Transférez votre moût dans un fermenteur propre et hygiénique. Aérez votre moût et plantez votre levure d'abbaye belge uniquement.

i) Fermenter dans un fermenteur primaire à 18-20°C (64-68°F) pendant au moins 2 semaines.

j) Transférez votre bière dans un fermenteur secondaire, en laissant votre levure et votre trub derrière. Ajoutez vos Brettanomyces et vos Houblons secs, et laissez conditionner 2 mois. Votre bière doit avoir une odeur fruitée et complexe, et avoir une bonne pellicule (croûte de Brett) sur le dessus.

k) Bouteille avec 150g/5$\frac{1}{4}$oz de sucre de table blanc pour atteindre plus de 3 volumes de CO_2.

l) Vous pourriez aller plus haut si vous avez confiance en vos bouteilles.

53. Séance funky acidulée

Ingrédients

Projet de loi sur les céréales

- Pale Malt, Maris Loutre   68,6 % - 2,4 kg/5¼ lb
- Avoine, roulée   31,4 %   - 800g/1¾ lb

Houblon

- East Kent Goldings (5,5 % AA)
- Premier moût houblonné - 30g/1oz
- East Kent Goldings (5,5 % AA)
- Faire bouillir 15 minutes - 25g/7/8oz

Levure

- Un mélange Brett-saison, plus la lie de vos bières Bretty et aigres préférées.

les directions

a) Préparez vos levures et lies choisies. Vous n'avez pas à vous soucier des tarifs de présentation ici. Nettoyez et préparez votre équipement de brassage.

b) Apportez 23 litres/pintes d'eau jusqu'à 69°C (156°F).

c) Incorporer la purée. Maintenir une température de purée de 64,5 °C (148 °F) pendant 90 minutes.

d) Mash out - augmentez la température de votre grain à 75 ° C (167 ° F). Vous pouvez le faire par une méthode de décoction, si vous le souhaitez.

e) Arrosez avec 4 litres/pintes d'eau à 75°C (167°F) pour atteindre votre volume de pré-ébullition de pas plus de 23 litres/pintes.

f) Ajoutez votre premier moût de houblon et faites bouillir votre moût pendant 90 minutes.

g) Refroidissez votre moût à 18°C (64°F). Mesurez votre gravité d'origine et rincez avec de l'eau sanitaire pour atteindre votre OG prévu.

h) Transférez votre moût dans un fermenteur propre et hygiénique. C'est quand même important, car nous ne voulons pas particulièrement que cette bière soit infectée par l'acétobactérie. Aérez votre moût et plantez votre levure et vos lies.

i) Fermentez dans un fermenteur primaire à 18-20°C (64-68°F) pendant au moins 2-3 mois, ou jusqu'à ce que votre bière sente bon et funky et ait un goût très acide. Il devrait avoir une bonne pellicule (croûte de Brett) sur le dessus.

j) Bouteille avec 140g/5oz de sucre de table blanc pour atteindre environ 3 volumes de CO_2. N'utilisez pas de bouteilles fragiles.

54. Maris pilsner

Ingrédients

Projet de loi sur les céréales

- Pale Malt, Maris Loutre   100 % – 4,4 kg/9¾ lb

Houblon

- Tettnang (3,2 % AA) Premier moût houblonné – 60g/2⅛oz
- Tettnang (3,2 % AA) Faire bouillir 15 minutes – 40g/1½oz
- Hallertauer Mittelfrueh (4% AA)
- Arôme raide – 100g/3½oz

Levure

- Levure German Lager, telle que WLP830 ou Wyeast 2124
- Alternativement : Mangrove Jacks Bohemian Lager
- 1 comprimé de mousse d'Irlande (tel que Protofloc ou Whirlfloc)

- 1 feuille de gélatine en feuilles (facultatif)

les directions

a) Suivez la méthode Lager.

55. Enfers de Munich

Ingrédients

Projet de loi sur les céréales

- Malt Pilsner, 100 % allemand – 4,3 kg/9½ lb

Houblon

- Hallertauer Mittelfrueh (4% AA)
- Premier moût houblonné – 40g/1½oz
- Hallertauer Mittelfrueh (4% AA)
- Arôme raide – 60g/2⅛oz

Levure

- Levure German Lager, telle que WLP830 ou Wyeast 2124
- Alternatives: Mangrove Jacks Bohemian Lager
- 1 comprimé de mousse d'Irlande (tel que Protofloc ou Whirlfloc)
- 1 feuille de gélatine en feuilles (facultatif)

les directions

a)   Suivez la méthode Lager.

56. Dunkel munichois

Ingrédients

Projet de loi sur les céréales

- Malt Pilsner, allemand 47,8 % – 2,2 kg/47/8 lb
- Malt munichois 47,8 % – 2,2 kg/47/8 lb
- Carafa Spécial III   4,3 % – 200 g/7 oz

Houblon

- Tettnang (4,5 % AA) Premier moût houblonné – 30g/1oz
- Hallertauer Hersbrucker (4% AA)
- Faire bouillir 15 minutes – 50g/1¾oz

Levure

- Levure German Lager, telle que WLP830 ou Wyeast 2124 Alternativement : Mangrove Jacks Bohemian Lager

- 1 comprimé de mousse d'Irlande (tel que Protofloc ou Whirlfloc)
- 1 feuille de gélatine en feuilles (facultatif)

les directions

a) Suivez la méthode Lager.

CIDRE

57. Cidre de pomme sec

DONNE 1 GALLON

Ingrédients

- 1 gallon de jus de pomme, de préférence non pasteurisé
- 1 tablette Campden
- 1 cuillère à café de nutriment pour levure
- 1 cuillère à café de mélange acide
- ½ cuillère à café d'enzyme pectique ¼ cuillère à café de tanin
- 1½ cuillères à soupe (½ tube) de levure de cidre liquide
- 3 cuillères à soupe / 1 once de sucre de maïs dissous dans ½ tasse d'eau bouillante et refroidi, pour la mise en bouteille
- 1 tasse / 1 once de Splenda ou autre sucre non fermentescible (facultatif)

les directions

a) Désinfectez un seau de 2 gallons, son couvercle, le sas et une cuillère pour remuer.

b) Versez le jus de pomme dans le seau de fermentation de 2 gallons. Prenez une lecture de l'hydromètre pour déterminer la gravité d'origine.

c) Écrasez le comprimé Campden et mélangez-le au jus. Enclenchez le couvercle et fixez le sas à air. Attendez 24 heures que le Campden stérilise le jus.

d) Une fois le jus stérilisé, préparez le levain. Désinfectez une tasse à mesurer, un pot de conserve de 1 litre et une cuillère à mélanger. Prélevez 1 tasse de jus et versez-le dans le pot de conserve. Versez la levure dessus et couvrez le bocal avec un morceau de film plastique fixé avec un élastique. Bien secouer le bocal et laisser reposer 1 à 3 heures. Il deviendra mousseux et vous verrez de minuscules bulles éclater à la surface du liquide.

e) Une fois que vous voyez un signe d'activité, le démarreur peut être utilisé.

f) Versez le levain dans le jus avec le nutriment de levure, le mélange d'acides, l'enzyme pectique et le tanin. Remuer vigoureusement pour répartir la levure et aérer le jus. Remettez le couvercle en place et rattachez le sas à air. Vous devriez voir une fermentation active comme en témoignent les bulles dans le sas dans les 48 heures.

g) Laissez le cidre fermenter sans être dérangé pendant au moins 3 jours ou jusqu'à 7 jours, jusqu'à ce que la fermentation ralentisse et que les sédiments créés lors du brassage aient eu la chance de se déposer. À ce stade, le cidre est prêt à être transféré hors des sédiments et dans une cruche plus petite de 1 gallon pour une fermentation secondaire plus longue.

h) Désinfectez une cruche de 1 gallon, son bouchon, la canne de soutirage, son embout, le tuyau du siphon et le collier de serrage. Siphonnez tout le cidre dans la cruche. Inclinez le seau vers la fin pour siphonner tout le liquide. Arrêtez-vous lorsque vous voyez le liquide dans le tuyau devenir trouble avec des sédiments. Fermez la cruche avec son bouchon et insérez le bouchon d'air. Laissez-le reposer dans un endroit frais et sombre pendant encore 2 semaines.

i) Pour embouteiller le cidre, désinfectez une marmite, un hydromètre, dix bouteilles de bière de 12 onces ou six bouteilles de bière de 22 onces, leurs bouchons, le tuyau du siphon, la canne de soutirage, son embout, une tasse à mesurer et le remplisseur de bouteille. Siphonnez $\frac{1}{2}$ tasse de cidre à l'hydromètre et utilisez-le pour déterminer la gravité nale. Buvez le cidre ou versez-le dans la cruche une fois utilisé.

j) Versez la solution de sucre de maïs dans la marmite. Siphonner le cidre dans la marmite pour le mélanger avec la solution de sucre de maïs, en éclaboussant le moins possible. Prélevez un peu de cidre avec le gobelet doseur et goûtez-le. Ajoutez du Splenda (ou un autre édulcorant) si vous souhaitez un cidre plus doux. Siphonner le cidre dans des bouteilles, boucher et étiqueter.

k) Laissez les bouteilles reposer à température ambiante à l'abri de la lumière directe du soleil pendant au moins 1 mois ou conservez-les jusqu'à 1 an. Réfrigérer avant de servir.

58. Cidre chaud aux épices douces

DONNE 1 GALLON

Ingrédients

- 1 gallon de jus de pomme, de préférence non pasteurisé
- 1⅓ tasses / 1 livre de miel
- 1 gousse de vanille
- 3 bâtons de cannelle
- 2 clous de girofle
- 2 anis étoilé
- Le zeste d'1 orange
- 2 tablettes Campden
- 1½ cuillères à soupe (½ tube) de levure d'hydromel liquide
- 1 cuillère à café de nutriment pour levure
- ½ cuillère à café d'enzyme pectique
- 1 cuillère à café de mélange acide
- ⅛ cuillère à café de tanin

les directions

a) Désinfectez un seau de 2 gallons, son couvercle, le sas et une cuillère pour remuer.

b) Versez le jus de pomme dans le seau de fermentation de 2 gallons. Réchauffez le miel par tranches de 30 secondes au micro-ondes jusqu'à ce qu'il soit lâche et liquide. Incorporer un peu de jus dans le miel jusqu'à ce que le miel se dissolve et soit versable, puis incorporer tout le miel dans le jus.

c) Continuez à remuer jusqu'à ce que le miel soit complètement dissous. Fendez la gousse de vanille dans le sens de la longueur et grattez les graines. Ajoutez les graines et la fève au jus, ainsi que les bâtons de cannelle, les clous de girofle, l'anis étoilé et le zeste d'orange. Prenez une lecture de l'hydromètre pour déterminer la gravité d'origine.

d) Écrasez 1 comprimé Campden et mélangez-le au jus. Enclenchez le couvercle et fixez le sas à air. Attendez 24 heures que le Campden stérilise le jus.

e) Une fois le jus stérilisé, préparez le levain. Désinfectez une tasse à mesurer, un pot de conserve de 1 litre et une cuillère à mélanger. Prélevez 1 tasse de jus et versez-le dans le bocal. Verser la levure dans le bocal et couvrir d'un morceau de film plastique fixé avec un élastique. Bien secouer le bocal et laisser reposer 1 à 3 heures.

f) Versez le levain dans le jus avec le nutriment de levure, l'enzyme pectique, le mélange d'acides et le tanin. Remuer vigoureusement pour répartir la levure et aérer le jus. Remettez le couvercle en place et rattachez le sas à air. Vous devriez voir une fermentation active comme en témoignent les bulles dans le sas dans les 48 heures.

g) Laissez le cidre fermenter pendant au moins 3 jours ou jusqu'à 7 jours, jusqu'à ce que la fermentation ralentisse et que les sédiments créés lors du brassage aient eu la chance de se déposer. À ce stade, le cidre est prêt à être transféré du sédiment et dans une cruche plus petite de 1 gallon pour la fermentation secondaire plus longue.

h) Désinfectez une cruche de 1 gallon, son bouchon, la canne de soutirage, son embout, le tuyau du siphon et le collier de serrage. Siphonnez tout le cidre dans la cruche, en laissant les épices derrière. Inclinez le seau vers la fin pour siphonner tout le liquide. Arrêtez-vous lorsque vous voyez le liquide dans le tuyau du siphon devenir trouble avec des sédiments. Fermez la cruche avec son bouchon et insérez le bouchon d'air. Laissez-le reposer dans un endroit frais et sombre pendant au moins 2 semaines.

i) Vous pouvez continuer à faire vieillir le cidre jusqu'à 6 mois. Pendant ce temps, il est bon de siphonner occasionnellement le cidre ou les sédiments qui s'accumulent au fond de la cruche : siphonner le cidre dans une marmite stérilisée, nettoyer et désinfecter la cruche, et siphonner le cidre dans la cruche. C'est aussi une bonne occasion de goûter le cidre et de voir comment il se présente. S'il a un goût un peu sucré, vous pouvez ajouter un mélange d'acide supplémentaire pour lui donner un peu d'acidité et/ou un peu de tanin pour lui donner de la sécheresse et de l'astringence. Commencez avec un peu de ces ingrédients, goûtez après une semaine ou deux et continuez à ajuster au besoin. Le cidre peut être mis en bouteille chaque fois qu'il vous plaît.

j) Lorsque vous êtes prêt à mettre en bouteille, siphonnez le cidre dans une marmite désinfectée, écrasez le deuxième comprimé Campden et mélangez-le au cidre. Nettoyez et désinfectez la cruche et siphonnez le cidre dans la cruche. Attendez au moins 24 heures avant la mise en bouteille.

k) Pour embouteiller le cidre, désinfectez un hydromètre, dix bouteilles de 12 onces ou six bouteilles de 22 onces (ou cinq bouteilles de vin de 750 millilitres), leurs bouchons (ou bouchons), le tuyau du siphon, la canne de soutirage, son embout et le remplisseur de bouteille. Siphonnez ½ tasse de cidre à l'hydromètre et utilisez-le pour déterminer la gravité Hnal. Buvez le cidre ou versez-le dans la cruche une fois utilisé. Siphonner le cidre dans les bouteilles, bouchon (ou bouchon) et étiquette.

l) Conservez les bouteilles dans un endroit frais et sombre pendant 1 mois ou jusqu'à 1 an. Servir à température ambiante.

59. Cidre de poire

DONNE 1 GALLON

Ingrédients

- 12 tasses de jus de poire, de préférence non pasteurisé
- 4 tasses de jus de pomme, de préférence non pasteurisé
- 1 tablette Campden
- 1 cuillère à café de nutriment pour levure
- 1 cuillère à café de mélange acide
- $\frac{1}{2}$ cuillère à café d'enzyme pectique $\frac{1}{4}$ cuillère à café de tanin
- 2 cuillères à café (1 sachet) de levure sèche de vin blanc
- 3 cuillères à soupe / 1 once de sucre de maïs dissous dans $\frac{1}{2}$ tasse d'eau bouillante et refroidi, pour la mise en bouteille

- 1 tasse / 1 once de Splenda ou autre sucre non fermentescible (facultatif; voir Back-Sweetening)

les directions

a) Désinfectez un seau de 2 gallons, son couvercle, le sas et une cuillère pour remuer.

b) Combinez le jus de poire et le jus de pomme dans le seau de fermentation de 2 gallons. Prenez une lecture de l'hydromètre pour déterminer la gravité d'origine.

c) Écrasez le comprimé Campden et mélangez-le au jus. Enclenchez le couvercle et fixez le sas à air. Attendez 24 heures que le Campden stérilise le jus. (Si vous utilisez du jus pasteurisé, vous pouvez sauter cette étape de stérilisation.)

d) Une fois le jus stérilisé, préparez le levain. Désinfectez une tasse à mesurer, un pot de conserve de 1 litre et une cuillère à mélanger. Prélevez 1 tasse de jus et versez-le dans le bocal. Saupoudrer la levure sur le dessus et couvrir le bocal avec un morceau de film plastique fixé avec un élastique. Bien secouer le bocal et laisser reposer 1 à 3 heures. Il devrait devenir mousseux et vous verrez de minuscules bulles éclater à la surface du liquide. Une fois que vous voyez un signe d'activité, le démarreur peut être utilisé.

e) Versez le levain dans le jus avec le nutriment de levure, le mélange d'acides, l'enzyme pectique et le tanin. Remuer vigoureusement pour répartir la levure et aérer le jus. Remettez le couvercle en place et rattachez le sas à air. Vous devriez voir une fermentation active comme en témoignent les bulles dans le sas dans les 48 heures.

f) Laissez le cidre fermenter sans être dérangé pendant au moins 3 jours ou jusqu'à 7 jours, jusqu'à ce que la fermentation ralentisse et que les sédiments créés lors du brassage aient eu la chance de se déposer. À ce stade, le cidre est prêt à être transféré sur le sédiment et dans une cruche plus petite de 1 gallon pour la fermentation secondaire plus longue.

g) Désinfectez une cruche de 1 gallon, son bouchon, la canne de soutirage, son embout, le tuyau du siphon et le collier de serrage. Siphonnez tout le cidre dans la cruche. Inclinez le seau vers la fin pour siphonner tout le liquide. Arrêtez-vous lorsque vous voyez le liquide dans le tuyau devenir trouble avec des sédiments. Fermez la cruche avec son bouchon et insérez le bouchon d'air. Laissez-le reposer dans un endroit frais et sombre pendant 2 semaines.

h) Pour embouteiller le cidre, désinfectez une marmite, un hydromètre, dix bouteilles de bière de 12 onces ou six bouteilles de bière de 22 onces, leurs bouchons, le tuyau du siphon, la canne de soutirage, son embout, une tasse à mesurer et l'embouteilleur. Siphonnez $\frac{1}{2}$ tasse de cidre à l'hydromètre et utilisez jusqu'à la gravité déterminante. Buvez le cidre ou versez-le dans la cruche une fois utilisé.

i) Versez la solution de sucre de maïs dans la marmite. Siphonner le cidre dans la marmite pour le mélanger avec la solution de sucre de maïs, en éclaboussant le moins possible. Prélevez un peu de cidre avec le gobelet doseur et goûtez-le. Ajoutez du Splenda (ou un autre édulcorant) si vous souhaitez un cidre plus doux. Siphonner le cidre dans des bouteilles, boucher et étiqueter.

j) Laissez les bouteilles reposer à température ambiante à l'abri de la lumière directe du soleil pendant au moins 1 mois ou conservez-les jusqu'à 1 an. Réfrigérer avant de servir.

60. Cidre de Porc et Pommes

Rendement : 3 gallons américains

Ingrédients:

- 3 gal. (11,4 L) de jus de pomme frais et sucré (peu acide, peu de tanin)
- 1,5 c. (7-8 ml) nutriment pour levure
- 1 sachet de levure de bière américaine
- 3 tranches de bacon, cuites sur une grille au four à 325°F (165°C) pendant 40 minutes
- 125 grammes. Bourbon

les directions:

a) Nettoyez votre cuve de fermentation avec un détergent sans savon. Rincez bien - toute trace de résidu se retrouvera dans votre cidre ! - et séchez à l'air. Désinfectez votre cuve de fermentation et 2 feuilles d'aluminium par mode d'emploi du désinfectant.

b) Faire bouillir 1 pinte (473 ml) d'eau et laisser refroidir à 105 °F (41 °C). Mélanger une pincée de nutriment de levure et saupoudrer la levure sur l'eau.

c) Couvrir d'une feuille d'aluminium aseptisée et laisser reposer 15 minutes. Chauffer le jus de pomme à 60°F (16°C). Ajouter le jus au fermenteur et incorporer la levure mousseuse.

d) Couvrir avec du papier d'aluminium plus aseptisé et placer dans un endroit sombre et frais, de préférence autour de 60 ° F (16 ° C). Après 2 à 4 semaines, la levure devrait avoir fini de fermenter et sera tombée claire avec toute la levure et les protéines se déposant au fond du fermenteur. Vérifier périodiquement la fermentation.

e) Environ 5 jours avant la fin de la fermentation, créez le mélange bacon-bourbon. Émiettez le bacon, mélangez-le au bourbon dans un bocal en verre hermétique et conservez-le 4 jours au réfrigérateur. Le 4ème jour, retirez les lardons et placez le bourbon au congélateur. Le lendemain, la graisse de bacon devrait s'être solidifiée au sommet. Retirez le gras et gardez le bourbon.

f) Une fois la fermentation terminée, transvasez dans un récipient secondaire et ajoutez le bourbon. Désinfectez les bouteilles, les bouchons et les tubes de transfert. Emballez encore (sans gazéification) pour laisser la saveur du bacon monter naturellement.

g) Pour embouteiller, siphonnez le cidre du fermenteur en prenant soin d'éviter la boue au fond, et dans chacune de vos bouteilles en plastique. Remplissez complètement. Arrêtez l'écoulement du cidre en pinçant le tube avant de déplacer le tuyau vers la bouteille suivante.

h) Vissez les bouchons et refroidissez le cidre dans votre réfrigérateur et buvez-le lorsqu'il est froid. Servir à environ 50°F (10°C).

61. Limonade dure

DONNE 1 GALLON

Ingrédients

- 13½ tasses d'eau
- 1 tasse / 7 onces de sucre granulé blanc
- 2 cuillères à café de levure de champagne sèche
- 1 cuillère à café de nutriment pour levure
- 3 tasses de jus de citron fraîchement pressé
- 3 cuillères à soupe / 1 once de sucre de maïs, pour la mise en bouteille
- 1 tasse / 1 once de Splenda ou autre sucre non fermentescible

les directions

a) Le matin du premier jour, désinfectez un pot de conserve de 2 pintes et une cuillère.

b) Amenez l'eau à ébullition. Retirer du feu, incorporer le sucre pour le dissoudre et laisser refroidir à température ambiante. Versez le mélange d'eau sucrée dans le pot de conserve, saupoudrez la levure sur le dessus et couvrez le pot avec un morceau de pellicule plastique fixé avec un élastique. Secouez bien le pot et laissez-le reposer pendant 12 heures. Le soir, le liquide doit être très mousseux et pétillant.

c) Le soir du jour de repos, portez l'eau à ébullition. Retirer du feu et incorporer le sucre et le nutriment de levure pour les dissoudre. Refroidir à température ambiante.

d) Versez le mélange sucre-eau et le jus de citron dans le mélange de levure. Remuer vigoureusement avec une cuillère aseptisée et couvrir d'un morceau de pellicule plastique fixé avec un élastique.

e) Le matin du deuxième jour, désinfectez un pichet de 1 gallon, un bouchon, un sas, un entonnoir et une tasse à mesurer.

f) Amenez l'eau à ébullition. Retirer du feu et incorporer le sucre pour le dissoudre. Refroidir à température ambiante.

g) Versez le mélange sucre-eau, le jus de citron et le mélange du jour 1 (eau sucrée, jus de citron et levure) dans le pichet de 1 gallon. Couvrez l'embouchure de la cruche et agitez vigoureusement. Insérez le bouchon et le sas à air. Conservez la cruche à température ambiante à l'abri de la lumière directe du soleil.

h) Le soir du deuxième jour, portez l'eau à ébullition. Retirer du feu et incorporer le sucre pour le dissoudre. Refroidir à température ambiante.

i) Versez cette eau sucrée et le jus de citron dans la carafe. Couvrez l'embouchure du bocal et agitez vigoureusement. Insérez le bouchon et le sas à air. Conservez la cruche à température ambiante à l'abri de la lumière directe du soleil.

j) Le matin du troisième jour, portez l'eau à ébullition. Retirer du feu et incorporer le sucre pour le dissoudre. Refroidir à température ambiante.

k) Versez cette eau sucrée et le jus de citron dans la carafe. Couvrez l'embouchure du bocal et agitez vigoureusement. Insérez le bouchon et le sas à air. Conservez la cruche à température ambiante à l'abri de la lumière directe du soleil.

l) Le soir du troisième jour, portez l'eau à ébullition. Retirer du feu et incorporer le sucre pour le dissoudre. Refroidir à température ambiante.

m) Versez cette eau sucrée et le jus de citron dans la carafe. Couvrez l'embouchure du bocal et agitez vigoureusement. Insérez le bouchon et le sas à air. Conservez la cruche à température ambiante à l'abri de la lumière directe du soleil.

n) Le matin du quatrième jour, portez l'eau à ébullition. Retirer du feu et incorporer le sucre pour le dissoudre. Refroidir à température ambiante.

o) Versez cette eau sucrée et le jus de citron dans la carafe. Couvrez l'embouchure du bocal et agitez vigoureusement. Insérez le bouchon et le sas à air. Conservez la cruche à température ambiante à l'abri de la lumière directe du soleil.

p) À ce stade, tous les ingrédients de la limonade dure ont été ajoutés. Prenez une lecture de l'hydromètre pour déterminer la gravité d'origine.

q) Puisque la fermentation a déjà commencé, cette lecture sera approximative. Laissez la limonade continuer à fermenter sans être dérangée pendant une autre semaine.

r) Pour embouteiller la limonade, désinfectez une marmite, un hydromètre, dix bouteilles de bière de

12 onces ou six bouteilles de bière de 22 onces, leurs bouchons, le tuyau du siphon, la canne de soutirage, son embout, une tasse à mesurer et le remplisseur de bouteille. Siphonner ½ tasse de limonade dans l'hydromètre et l'utiliser pour déterminer la gravité Hnal. Buvez la limonade ou versez-la dans la carafe une fois utilisée. 18 •Portez l'eau à ébullition.

s) Ajouter le sucre de maïs et le Splenda et remuer pour dissoudre. Laisser refroidir à température ambiante puis verser dans la marmite. Siphonnez la limonade dans la marmite pour la mélanger avec la solution de sucre de maïs, en éclaboussant le moins possible. Prélevez un peu de limonade avec le gobelet doseur et goûtez-y. Ajoutez plus de Splenda (ou un autre édulcorant) si vous souhaitez une limonade plus sucrée. Siphonner la limonade dans des bouteilles, boucher et étiqueter.

t) Laissez les bouteilles reposer à température ambiante à l'abri de la lumière directe du soleil pendant au moins 1 mois ou conservez-les jusqu'à 1 an. Réfrigérer avant de servir.

62. Bière jamaïcaine au gingembre

DONNE 1 GALLON

Ingrédients

- 2½ livres de racine de gingembre

- 1 litre d'eau

- 1½ tasse tassée / 12 onces de cassonade

- ¼ tasse / 1 once de maltodextrine (facultatif)

- 1 tasse de jus de citron vert fraîchement pressé (d'environ 8 citrons verts)

- ½ à thé de grains de poivre 1 comprimé Campden

- 1½ cuillères à soupe (½ tube) de levure de bière liquide de Californie 1 cuillère à café de nutriment pour levure

- 3 cuillères à soupe / 1 once de sucre de maïs dissous dans ½ tasse d'eau bouillante et refroidi, pour la mise en bouteille

- 1 tasse / 1 once de Splenda ou autre sucre non fermentescible (facultatif)

les directions

a) Désinfectez un seau de 2 gallons, son couvercle, le sas et une cuillère pour remuer.

b) Frottez le gingembre propre. Coupez les imperfections ou les aspérités, mais laissez les peaux. Hachez grossièrement le gingembre et mélangez-le dans le bol d'un robot culinaire avec 1 tasse d'eau. Incorporer les légumineuses jusqu'à ce que le gingembre soit réduit en pulpe.

c) Porter à ébullition les 15 tasses d'eau restantes. Retirer la casserole du feu, ajouter la cassonade et la maltodextrine, et remuer pour dissoudre. Incorporer le jus de citron vert, les grains de poivre et la pulpe de gingembre. Mettez la casserole de côté jusqu'à ce que l'eau soit complètement refroidie. Cela prendra une heure ou deux.

d) Versez l'eau de gingembre avec la pulpe de gingembre dans le seau de fermentation de 2 gallons. Prenez une lecture de l'hydromètre pour déterminer la gravité d'origine.

e) Écrasez le comprimé de Campden et remuez-le dans l'eau. Enclenchez le couvercle et fixez le sas à air. Attendez 24 heures pour que le Campden stérilise l'infusion.

f) Une fois l'eau de gingembre stérilisée, préparez le démarreur de levure. Désinfectez une tasse à mesurer, un pot de conserve de 1 litre et une cuillère à mélanger. Prélevez 1 tasse d'eau de gingembre et versez-la dans le pot de conserve. Versez la levure dessus et couvrez le bocal avec un morceau de film plastique fixé avec un élastique. Bien secouer le bocal et laisser reposer 1 à 3 heures. Il devrait devenir mousseux et vous verrez de minuscules bulles éclater à la surface du liquide. Une fois que vous voyez un signe d'activité, le démarreur peut être utilisé.

g) Versez le démarreur dans l'eau de gingembre avec le nutriment de levure. Remuer vigoureusement pour répartir la levure et aérer l'eau. Remettez le couvercle en place et rattachez le sas à air.

h) Vous devriez voir une fermentation active comme en témoignent les bulles dans le sas dans les 48 heures.

i) Laissez la bière au gingembre fermenter sans être dérangée pendant au moins 3 jours ou jusqu'à 7 jours, jusqu'à ce que la fermentation ralentisse et que les sédiments créés pendant le brassage aient eu la chance de se déposer. À ce stade, la bière est prête à être transférée du sédiment et dans une cruche plus petite de 1 gallon pour la fermentation secondaire plus longue.

j) Désinfectez une cruche de 1 gallon, son bouchon, la canne de soutirage, son embout, le tuyau du siphon et le collier de serrage. Siphonnez toute la bière au gingembre dans le pichet. Inclinez le seau vers la fin pour siphonner tout le liquide. Arrêtez-vous lorsque vous voyez le liquide dans le tuyau du siphon devenir trouble avec des sédiments. Insérez le bouchon et le sas à air. Laissez la cruche reposer dans un endroit frais et sombre pendant encore 2 semaines.

k) Pour embouteiller la bière au gingembre, désinfectez une marmite, un hydromètre, dix bouteilles de bière de 12 onces ou six bouteilles de bière de 22 onces, leurs bouchons, le tuyau du siphon, la canne de soutirage, son embout, une tasse à mesurer et le remplisseur de bouteille. Siphonnez ½ tasse de bière de gingembre à l'hydromètre et utilisez-la pour déterminer la gravité Hnal. Buvez la bière au gingembre ou versez-la dans la cruche une fois utilisée.

l) Versez la solution de sucre de maïs dans la marmite. Siphonnez la bière au gingembre dans la marmite pour la mélanger avec la solution de sucre de maïs, en éclaboussant le moins possible. Versez un peu de bière au gingembre avec la tasse à mesurer et goûtez-la. Ajoutez du Splenda (ou un autre édulcorant) si vous souhaitez une bière au gingembre plus sucrée. Siphonner la bière au gingembre dans des bouteilles, boucher et étiqueter.

m) Laissez les bouteilles reposer à température ambiante à l'abri de la lumière directe du soleil pendant au moins 1 mois ou conservez-les jusqu'à 1 an. Réfrigérer avant de servir.

63. Cidre Ananas-Cassonade

FAIT 1 GALLON

Ingrédients

- 1 ananas bien mûr
- 14 tasses d'eau
- 1 tasse emballée / 8 onces de piloncillo râpé ou de cassonade foncée
- 1 bâton de cannelle
- 2 clous de girofle
- 1 tablette Campden
- 1½ cuillères à soupe (½ tube) de levure de bière belge liquide
- 1 cuillère à café de nutriment pour levure
- 1 cuillère à café de mélange acide
- ½ cuillère à café d'enzyme pectique
- 1 tasse / 1 once de Splenda ou autre sucre non fermentescible (facultatif)

- 3 cuillères à soupe / 1 once de sucre de maïs dissous dans ½ tasse d'eau bouillante et refroidi, pour la mise en bouteille

les directions

a) Désinfectez un seau de 2 gallons, son couvercle, le sas et une cuillère pour remuer.

b) Frottez l'ananas propre. Coupez le haut vert et le bas de l'ananas et jetez-le. Coupez le reste de l'ananas en morceaux de la taille d'une bouchée avec la pelure encore dessus.

c) Amenez l'eau à ébullition. Retirer la casserole du feu, ajouter le piloncillo et remuer pour dissoudre. Mettez la casserole de côté jusqu'à ce que l'eau soit complètement refroidie. Cela prendra une heure ou deux.

d) Combinez l'eau de cassonade, la cannelle, les clous de girofle et l'ananas dans le seau de fermentation de 2 gallons. Prenez une lecture de l'hydromètre pour déterminer la gravité d'origine. Écrasez le comprimé de Campden et remuez-le dans l'eau. Enclenchez le couvercle et fixez le sas à air. Attendez 24 heures pour que le Campden stérilise l'eau d'ananas.

e) Une fois l'eau d'ananas stérilisée, préparez le démarreur de levure. Désinfectez une tasse à mesurer, un pot de conserve de 1 litre et une cuillère à mélanger. Prélevez 1 tasse d'eau d'ananas et versez-la dans le bocal.

f) Versez la levure dessus et couvrez le bocal avec un morceau de film plastique fixé avec un élastique. Bien secouer le bocal et laisser reposer 1 à 3 heures. Il devrait devenir mousseux et vous verrez de minuscules bulles éclater à la surface du liquide.

g) Une fois que vous voyez un signe d'activité, le démarreur peut être utilisé.

h) Versez le démarreur dans l'eau d'ananas avec le nutriment de levure, le mélange d'acides et l'enzyme pectique. Remuer vigoureusement pour répartir la levure et aérer l'eau. Remettez le couvercle en place et rattachez le sas à air. Vous devriez voir une fermentation active comme en témoignent les bulles dans le sas dans les 48 heures.

i) Laissez le cidre d'ananas fermenter sans être dérangé pendant au moins 3 jours ou jusqu'à 7 jours, jusqu'à ce que la fermentation ralentisse et que les sédiments créés pendant le brassage aient eu la chance de se déposer. À ce stade, le cidre est prêt à être transféré des sédiments et dans une cruche plus petite de 1 gallon pour la fermentation secondaire plus longue.

j) Désinfectez une cruche de 1 gallon, son bouchon, la canne de soutirage, son embout, le tuyau du siphon et le collier de serrage. Siphonnez tout le cidre dans la cruche. Inclinez le seau vers la fin pour siphonner tout le liquide. Arrêtez-vous lorsque vous voyez le liquide dans le tuyau du siphon devenir trouble avec des sédiments. Insérez le bouchon et le sas à air. Laissez la cruche reposer dans un endroit frais et sombre pendant 2 semaines.

k) Pour embouteiller le cidre, désinfectez une marmite, un hydromètre, dix bouteilles de bière de 12 onces ou six bouteilles de bière de 22 onces, leurs bouchons, le tuyau du siphon, la canne de soutirage, son embout, une tasse à mesurer et le remplisseur de bouteille. Siphonnez $\frac{1}{2}$ tasse de cidre à l'hydromètre et utilisez-le pour déterminer la gravité nale. Buvez le cidre ou versez-le dans la cruche une fois utilisé.

l) Versez la solution de sucre de maïs dans la marmite. Siphonner le cidre dans la marmite pour le mélanger avec la solution de sucre de maïs, en éclaboussant le moins possible. Prélevez un peu de cidre avec le gobelet doseur et goûtez-le. Ajoutez du Splenda (ou un autre édulcorant) si vous souhaitez un cidre plus doux. Siphonner le cidre dans des bouteilles, boucher et étiqueter.

m) Laissez les bouteilles reposer à température ambiante à l'abri de la lumière directe du soleil pendant au moins 1 mois ou conservez-les jusqu'à 1 an. Réfrigérer avant de servir.

ALES

64. Bière ambrée

DONNE 1 GALLON

Ingrédients

- 2 cuillères à soupe d'extrait de malt séché
- 1 tasse d'eau bouillante
- $1\frac{1}{2}$ cuillères à soupe ($\frac{1}{2}$ tube) de levure de bière liquide de Californie
- 2 gallons d'eau
- 8 tasses / 2 livres de malt pale ale, moulu
- 2 tasses / 8 onces de malt au miel, moulu
- $\frac{1}{2}$ tasse / 2 onces de malt cristal à 15 degrés, moulu
- $\frac{1}{2}$ tasse / 2 onces de malt cristal à 40 degrés, moulu
- $\frac{1}{2}$ tasse / 2 onces de malt de blé, moulu
- 1 cuillère à soupe / 0,3 once / 10 grammes de houblon Fuggle (amer)

- ½ cuillère à soupe / 0,17 once / 5 grammes Saaz**Houblon**(saveur) ⅛ cuillère à café de mousse d'Irlande séchée

- ½ cuillère à soupe / 0,17 once / 5 grammes Saaz**Houblon**(arôme)

- 3 cuillères à soupe / 1 once de sucre de maïs dissous dans ½ tasse d'eau bouillante et refroidi, pour la mise en bouteille

les directions

a) Faites le démarreur de levure 6 à 12 heures avant de planifier l'infusion. Désinfectez un pot de conserve d'une pinte et une cuillère. Incorporer l'extrait de malt dans l'eau bouillante jusqu'à dissolution et laisser refroidir à température ambiante dans le bocal.

b) Ajouter la levure et couvrir le bocal avec un morceau de film plastique fixé avec un élastique. Secouez bien le pot et laissez-le reposer jusqu'à ce que vous en ayez besoin. Le démarreur devrait devenir mousseux après quelques heures et vous verrez de minuscules bulles éclater à la surface du liquide.

c) Dans une grande marmite à feu vif, chauffer 1 gallon d'eau à 160 ° F. Pendant ce temps, préchauffez votre four à 150 ° F à 155 ° F pour créer un environnement agréable et confortable pour écraser les grains. Si vous n'avez pas de réglage de four aussi bas ou si vous ne possédez pas de thermomètre de four, réchauffez simplement votre four pendant environ 5 minutes au réglage le plus bas. Éteignez votre four une fois qu'il est chaud.

d) Pour faire la purée, retirez la casserole d'eau du feu, versez tous les grains - le malt pale ale, le malt au miel, le malt cristal à 15 degrés, le malt cristal à 40 degrés et le malt de blé - dans l'eau et remuez. Vérifiez la température de la purée avec un thermomètre à lecture instantanée. Remuer jusqu'à ce qu'il atteigne au moins 155°F.

e) Couvrez la marmite et mettez-la au four. Réglez une minuterie sur 1 heure. Toutes les 15 minutes, sortez la casserole, remuez les grains et vérifiez la température. Maintenir une température de purée de 150°F à 155°F. Si la température commence à descendre en dessous de 150 ° F, placez la casserole sur le brûleur pendant une minute ou deux pour la réchauffer à nouveau. S'il fait trop chaud, remuez la purée hors du feu pendant quelques minutes pour faire baisser la température.

f) Après 1 heure, les grains sont écrasés. Si vous avez des problèmes avec des températures élevées ou basses, laissez la purée encore 15 minutes dans le four pour vous assurer que vous avez extrait tout le sucre.

g) Placez la casserole sur la cuisinière et chauffez la purée à 170°F. Maintenez-le à cette température pendant environ 10 minutes. Pendant ce temps, chauffez le 1 gallon d'eau restant dans une casserole séparée à environ 170 ° F pour l'utiliser à l'étape suivante.

h) Pour arroser les grains, placez une grande passoire sur une autre grande marmite, votre seau de fermentation ou un autre récipient assez grand pour contenir tout le liquide de l'étape de purée, et placez-le dans votre évier de cuisine. Verser les grains écrasés dans la passoire. Le liquide, maintenant appelé moût, s'accumulera dans le pot en dessous. Versez lentement la moitié de l'eau tiède sur les grains, en les rinçant uniformément.

i) Nettoyez la marmite utilisée pour faire la purée et transférez la passoire avec les grains utilisés dans cette marmite. Versez à nouveau le moût dans les grains. Répétez cette étape d'aspersion deux fois de plus, en terminant avec le moût dans votre marmite d'origine.

j) Ajoutez suffisamment d'eau réchauffée supplémentaire pour obtenir environ 1½ gallon de moût total, en mesurant en fonction de la taille de votre pot (un pot de 2 gallons sera aux trois quarts plein). La quantité d'eau supplémentaire nécessaire variera en fonction de la quantité de liquide absorbée par les grains pendant le brassage. Jeter les grains utilisés.

k) Portez le moût à ébullition à feu vif sur la cuisinière. Cela prendra 30 à 45 minutes. Surveillez la cassure à chaud et veillez à ce que le moût ne déborde pas pendant que cela se produit. Remuez le moût ou baissez le feu au besoin.

l) Réglez une minuterie sur 1 heure et ajoutez 1 cuillère à soupe de houblon Fuggle pour l'amertume. Avec 20 minutes restantes, ajoutez la ½ cuillère à soupe de Saaz Hops for Wavoring et la mousse d'Irlande. Avec 1 minute restante, ajoutez ½ cuillère à soupe de houblon Saaz pour l'arôme.

m) Préparez un bain de glace dans votre évier. Refroidissez le moût à environ 85 ° F, en changeant l'eau du bain de glace au besoin.

n) Désinfectez votre seau de fermentation et son couvercle, le sas, une cuillère à long manche, une passoire, un entonnoir et un hydromètre. Réglez la passoire sur le seau de fermentation de 2 gallons. Si vous le souhaitez, recouvrez la passoire d'une serviette en sac de Qour ou de plusieurs couches d'étamine (désinfectée en l'immergeant dans la solution désinfectante). Filtrer le moût dans le seau de fermentation. Vérifiez que vous avez environ 1 gallon de moût. Ajouter plus d'eau si nécessaire. Prenez une lecture de l'hydromètre pour déterminer la gravité d'origine

o) Versez le levain dans le moût et remuez vigoureusement pour répartir la levure et aérer le moût. Enclenchez le couvercle et insérez le sas à air. Placez le seau quelque part à l'écart, à l'abri de la lumière directe du soleil et à une température ambiante modérée. Vous devriez voir une fermentation active comme en témoignent les bulles dans le sas dans les 48 heures.

p) Laissez la bière fermenter sans être dérangée pendant au moins 3 jours ou jusqu'à 7 jours, jusqu'à ce que la fermentation ralentisse et que les sédiments créés pendant le brassage aient eu la chance de se déposer. À ce stade, la bière est prête à être transférée du sédiment et dans une cruche plus petite de 1 gallon pour la fermentation secondaire plus longue.

q) Désinfectez une cruche de 1 gallon, son bouchon, la canne de soutirage, son embout, le tuyau du siphon et le collier de serrage. Siphonner toute la bière dans la cruche. Inclinez le seau vers la fin pour siphonner tout le liquide. Arrêtez-vous lorsque vous voyez le liquide dans le tuyau devenir trouble avec des sédiments. Fermez la cruche avec son bouchon. Désinfectez le bouchon d'air et insérez-le dans le bouchon de la cruche. Laissez-le reposer dans un endroit frais et sombre pendant 2 semaines.

r) Pour embouteiller la bière, désinfectez une marmite, un hydromètre, dix bouteilles de bière de 12 onces ou six bouteilles de bière de 22 onces, leurs bouchons, le tuyau du siphon, la canne de soutirage, son embout et le remplisseur de bouteille. Siphonner ½ tasse de bière à l'hydromètre et l'utiliser pour déterminer la gravité Hnal. Buvez la bière ou versez-la dans la cruche une fois utilisée.

s) Versez la solution de sucre de maïs dans la marmite. Siphonnez la bière dans la marmite pour la mélanger avec la solution de sucre de maïs, en éclaboussant le moins possible. Siphonner la bière dans des bouteilles, boucher et étiqueter.

t) Laissez les bouteilles reposer à température ambiante à l'abri de la lumière directe du soleil pendant au moins 2 semaines pour carbonater complètement. Conserver jusqu'à 1 an. Réfrigérer avant de servir.

65. API

DONNE 1 GALLON

Ingrédients

- 2 cuillères à soupe d'extrait de malt séché
- 1 tasse d'eau bouillante
- 1½ cuillères à soupe (½ tube) de levure de bière liquide de Californie
- 2 gallons d'eau
- 8 tasses / 2 livres de malt américain à 2 rangs, moulu
- 2 tasses / 8 onces de malt Maris Otter, moulu
- 2 tasses / 8 onces de malt cristal à 20 degrés, moulu
- 2½ cuillères à soupe / 0,87 once / 25 grammes Cascade Hops (amer)
- 1 cuillère à soupe / 0,3 once / 10 grammes de houblon Cascade (avoring)

- $\frac{1}{8}$ cuillère à café de mousse d'Irlande séchée

- 1 cuillère à soupe / 0,3 once / 10 grammes Cascade Hops (arôme)

- 3 cuillères à soupe / 1 once de sucre de maïs dissous dans $\frac{1}{2}$ tasse d'eau bouillante et refroidi, pour la mise en bouteille

les directions

a) Faites le démarreur de levure 6 à 12 heures avant de planifier l'infusion. Désinfectez un pot de conserve d'une pinte et une cuillère. Incorporer l'extrait de malt dans l'eau bouillante jusqu'à dissolution et laisser refroidir à température ambiante dans le bocal. Ajouter la levure et couvrir le bocal avec un morceau de film plastique fixé avec un élastique.

b) Secouez bien le pot et laissez-le reposer jusqu'à ce que vous en ayez besoin. Le démarreur devrait devenir mousseux après quelques heures et vous verrez de minuscules bulles éclater à la surface du liquide.

c) Dans une grande marmite à feu vif, chauffer 1 gallon d'eau à 160 ° F. Pendant ce temps, préchauffez votre four à 150 ° F à 155 ° F pour créer un environnement agréable et confortable pour écraser les grains. Si vous n'avez pas de réglage de four aussi bas ou si vous ne possédez pas de thermomètre de four, réchauffez simplement votre four pendant environ 5 minutes au réglage le plus bas. Éteignez votre four une fois qu'il est chaud.

d) Pour faire la purée, retirez la casserole d'eau du feu, versez tous les grains - le malt américain à 2 rangs, le malt Maris Otter et le malt cristal à 20 degrés - dans l'eau et remuez. Vérifiez la température de la purée avec un thermomètre à lecture instantanée.

Remuer jusqu'à ce qu'il atteigne au moins 155°F.

e) Couvrez la marmite et mettez-la au four. Réglez une minuterie sur 1 heure. Toutes les 15 minutes, sortez la casserole, remuez les grains et vérifiez la température. Maintenir une température de purée de 150°F à 155°F. Si la température commence à descendre en dessous de 150 ° F, placez la casserole sur le brûleur pendant une minute ou deux pour la réchauffer à nouveau. S'il fait trop chaud, remuez la purée hors du feu pendant quelques minutes pour faire baisser la température.

f) Après 1 heure, les grains sont écrasés. Si vous avez des problèmes avec des températures élevées ou basses, laissez la purée encore 15 minutes dans le four pour vous assurer que vous avez extrait tout le sucre.

g) Placez la casserole sur la cuisinière et chauffez la purée à 170°F. Maintenez-le à cette température pendant environ 10 minutes. Pendant ce temps, chauffez le 1 gallon d'eau restant à environ 170 ° F dans une casserole séparée pour l'utiliser à l'étape suivante.

h) Pour arroser les grains, placez une grande passoire sur une autre grande marmite, votre seau de fermentation ou un autre récipient assez grand pour contenir tout le liquide de l'étape de purée, et placez-le dans votre évier de cuisine. Verser les grains écrasés dans la passoire. Le liquide, maintenant appelé moût, s'accumulera dans le pot en dessous. Versez lentement la moitié de l'eau tiède sur les grains, en les rinçant uniformément.

i) Nettoyez la marmite utilisée pour faire la purée et transférez la passoire avec les grains utilisés dans cette marmite. Versez à nouveau le moût dans les grains. Répétez cette étape d'aspersion deux fois de plus, en terminant avec le moût dans votre marmite d'origine.

j) Ajoutez suffisamment d'eau réchauffée supplémentaire pour obtenir environ $1\frac{1}{2}$ gallon de moût total, en mesurant en fonction de la taille de votre pot (un pot de 2 gallons sera aux trois quarts plein). La quantité d'eau supplémentaire nécessaire variera en fonction de la quantité de liquide absorbée par les grains pendant le brassage. Jeter les grains utilisés.

k) Portez le moût à ébullition à feu vif sur la cuisinière. Cela prendra 30 à 45 minutes. Surveillez la cassure à chaud et veillez à ce que le moût ne déborde pas pendant que cela se produit. Remuez le moût ou baissez le feu au besoin.

l) Réglez une minuterie sur 1 heure et ajoutez les $2\frac{1}{2}$ cuillères à soupe de houblon Cascade pour l'amertume. Lorsqu'il reste 20 minutes, ajoutez 1 cuillère à soupe de houblon Cascade pour déguster et la mousse d'Irlande. Lorsqu'il reste 1 minute, ajoutez la cuillère à soupe restante de Cascade Hops pour l'arôme.

m) Préparez un bain de glace dans votre évier. Refroidissez le moût à environ 85 ° F, en changeant l'eau du bain de glace au besoin.

n) Désinfectez votre seau de fermentation et son couvercle, le sas, une cuillère à long manche, une passoire, un entonnoir et un hydromètre.

o) Réglez la passoire sur le seau de fermentation de 2 gallons. Si vous le souhaitez, recouvrez la passoire d'une serviette en sac de Qour ou de plusieurs couches d'étamine (désinfectée en l'immergeant dans la solution désinfectante). Filtrer le moût dans le seau de fermentation. Assurez-vous d'avoir au moins 1 gallon de moût. Ajouter plus d'eau si nécessaire. Prenez une lecture de l'hydromètre pour déterminer la gravité d'origine.

p) Versez le levain dans le moût et remuez vigoureusement pour répartir la levure et aérer le moût. Enclenchez le couvercle et insérez le sas à air. Placez le seau quelque part à l'écart, à l'abri de la lumière directe du soleil et à une température ambiante modérée. Vous devriez voir une fermentation active comme en témoignent les bulles dans le sas dans les 48 heures.

q) Laissez la bière fermenter sans être dérangée pendant au moins 3 jours ou jusqu'à 7 jours, jusqu'à ce que la fermentation ralentisse et que les sédiments créés pendant le brassage aient eu la chance de se déposer. À ce stade, la bière est prête à être transférée du sédiment et dans une cruche plus petite de 1 gallon pour la fermentation secondaire plus longue.

r) Désinfectez une cruche de 1 gallon, son bouchon, la canne de soutirage, son embout, le tuyau du siphon et le collier de serrage. Siphonner toute la bière dans la cruche. Inclinez le seau vers la fin pour siphonner tout le liquide. Arrêtez-vous lorsque vous voyez le liquide dans le tuyau devenir trouble avec des sédiments. Fermez la cruche avec son bouchon. Désinfectez le bouchon d'air et insérez-le dans le bouchon de la cruche. Laissez-le reposer dans un endroit frais et sombre pendant 2 semaines.

s) Pour embouteiller la bière, désinfectez une marmite, un hydromètre, dix bouteilles de bière de 12 onces ou six bouteilles de bière de 22 onces, leurs bouchons, le tuyau du siphon, la canne de soutirage, son embout et le remplisseur de bouteille. Siphonner $\frac{1}{2}$ tasse de bière à l'hydromètre et l'utiliser pour déterminer la gravité Hnal. Buvez la bière ou versez-la dans la cruche une fois utilisée.

t) Versez la solution de sucre de maïs dans la marmite. Siphonnez la bière dans la marmite pour la mélanger avec la solution de sucre de maïs, en éclaboussant le moins possible. Siphonner la bière dans des bouteilles, boucher et étiqueter.

u) Laissez les bouteilles reposer à température ambiante à l'abri de la lumière directe du soleil pendant au moins 2 semaines pour carbonater complètement. Conserver jusqu'à 1 an. Réfrigérer avant de servir.

66. Ale de blé à l'abricot

Ingrédients

- 2 cuillères à soupe d'extrait de malt séché
- 1 tasse d'eau bouillante
- 1½ cuillères à soupe (½ tube) de levure Hefeweizen liquide
- 2 gallons d'eau
- 4 tasses / 1 livre de malt de blé, moulu
- 4 tasses / 1 livre de malt américain à 2 rangs, moulu
- 2 tasses / 8 onces de malt cristal à 15 degrés, moulu
- 1 cuillère à soupe / 0,3 once / 10 grammes de houblon Hallertau (amer)
- ½ cuillère à soupe / 0,17 once / 5 grammes Hallertau **Houblon**(aimer)
- ½ cuillère à soupe / 0,17 once / 5 grammes Hallertau **Houblon**(arôme)
- 1 livre d'abricots frais, dénoyautés et hachés

- 3 cuillères à soupe / 1 once de sucre de maïs dissous dans ½ tasse d'eau bouillante et refroidi, pour la mise en bouteille

les directions

a) Faites le démarreur de levure 6 à 12 heures avant de planifier l'infusion. Désinfectez un pot de conserve d'une pinte et une cuillère. Incorporer l'extrait de malt dans l'eau bouillante jusqu'à dissolution et laisser refroidir à température ambiante dans le bocal. Ajouter la levure et couvrir le bocal avec un morceau de film plastique fixé avec un élastique. Secouez bien le pot et laissez-le reposer jusqu'à ce que vous en ayez besoin. Le démarreur devrait devenir mousseux après quelques heures et vous verrez de minuscules bulles éclater à la surface du liquide.

b) Dans une grande marmite à feu vif, chauffer 1 gallon d'eau à 160 ° F.

Pendant ce temps, préchauffez votre four à 150 ° F à 155 ° F pour créer un environnement agréable et confortable pour écraser les grains. Si vous n'avez pas de réglage de four aussi bas ou si vous ne possédez pas de thermomètre de four, réchauffez simplement votre four pendant environ 5 minutes au réglage le plus bas. Éteignez votre four une fois qu'il est chaud.

c) Pour faire la purée, retirez la casserole d'eau du feu, versez tous les grains - le malt de blé, le malt américain à 2 rangs et le malt cristal à 15 degrés - dans l'eau et remuez. Vérifiez la température de la purée avec un thermomètre à lecture instantanée. Remuer jusqu'à ce qu'il atteigne au moins 155°F.

d) Couvrez la marmite et mettez-la au four. Réglez une minuterie sur 1 heure. Toutes les 15 minutes, sortez la casserole, remuez les grains et vérifiez la température. Maintenir une température de purée de 150°F à 155°F. Si la température commence à descendre en dessous de 150 ° F, placez la casserole sur le brûleur pendant une minute ou deux pour la réchauffer à nouveau. S'il fait trop chaud, remuez la purée hors du feu pendant quelques minutes pour faire baisser la température.

e) Après 1 heure, les grains sont écrasés. Si vous avez des problèmes avec des températures élevées ou basses, laissez la purée encore 15 minutes dans le four pour vous assurer que vous avez extrait tout le sucre.

f) Placez la casserole sur la cuisinière et chauffez la purée à 170°F. Maintenez-le à cette température pendant environ 10 minutes. Pendant ce temps, chauffez le 1 gallon d'eau restant dans une casserole séparée à environ 170 ° F pour l'utiliser à l'étape suivante.

g) Pour arroser les grains, placez une grande passoire sur une autre grande marmite, votre seau de fermentation ou un autre récipient assez grand pour contenir tout le liquide de l'étape de purée, et placez-le dans votre évier de cuisine. Verser les grains écrasés dans la passoire. Le liquide, maintenant appelé moût, s'accumulera dans le pot en dessous. Versez lentement la moitié de l'eau tiède sur les grains, en les rinçant uniformément.

h) Nettoyez la marmite utilisée pour faire la purée et transférez la passoire avec les grains utilisés dans cette marmite. Versez à nouveau le moût dans les grains. Répétez cette étape d'aspersion deux fois de plus, en terminant avec le moût dans votre marmite d'origine. Ajoutez suffisamment d'eau réchauffée supplémentaire pour obtenir environ $1\frac{1}{2}$ gallon de moût total, en mesurant en fonction de la taille de votre pot (un pot de 2 gallons sera aux trois quarts plein). La quantité d'eau supplémentaire nécessaire variera en fonction de la quantité de liquide absorbée par les grains pendant le brassage. Jeter les grains utilisés.

i) Portez le moût à ébullition à feu vif sur la cuisinière. Cela prendra 30 à 45 minutes. Surveillez la cassure à chaud et veillez à ce que le moût ne déborde pas pendant que cela se produit. Remuez le moût ou baissez le feu au besoin.

j) Réglez une minuterie sur 60 minutes et ajoutez 1 cuillère à soupe de houblon Hallertau pour l'amertume. Lorsqu'il reste 20 minutes, ajoutez la ½ cuillère à soupe de houblon Hallertau pour déguster. Lorsqu'il reste 1 minute, ajoutez la ½ cuillère à soupe de houblon Hallertau pour l'arôme et les abricots hachés. Assurez-vous que le moût revient à ébullition avant de le retirer du feu.

k) Préparez un bain de glace dans votre évier. Refroidissez le moût à environ 85 °F, en changeant l'eau du bain de glace au besoin.

l) Désinfectez votre seau de fermentation et son couvercle, le sas, une cuillère à long manche et un hydromètre. Versez le moût et les morceaux d'abricot dans le seau de 2 gallons désinfecté. Prenez une lecture de l'hydromètre pour déterminer la gravité d'origine.

m) Versez le levain dans le moût et remuez vigoureusement pour répartir la levure et aérer le moût. Enclenchez le couvercle et insérez le sas à air. Placez le seau quelque part à l'écart, à l'abri de la lumière directe du soleil et à une température ambiante modérée. Vous devriez voir une fermentation active comme en témoignent les bulles dans le sas dans les 48 heures.

n) Laissez la bière fermenter sans être dérangée pendant au moins 3 jours ou jusqu'à 7 jours, jusqu'à ce que la fermentation ralentisse et que les sédiments créés pendant le brassage aient eu la chance de se déposer. À ce stade, la bière est prête à être transférée du sédiment et des abricots, et dans une cruche plus petite de 1 gallon pour la fermentation secondaire plus longue.

o) Désinfectez une cruche de 1 gallon, son bouchon, un entonnoir, une serviette ou une étamine et une cuillère à long manche. Insérez l'entonnoir dans la cruche de 1 gallon et tapissez-le avec le chiffon. Versez lentement la bière dans le pichet, en éliminant les solides. Utilisez la cuillère au besoin pour remuer les sédiments qui s'accumulent dans l'entonnoir. Fermez la cruche avec son bouchon. Désinfectez le bouchon d'air et insérez-le dans le bouchon de la cruche. Laissez-le reposer dans un endroit frais et sombre pendant 2 semaines.

p) Pour embouteiller la bière, désinfectez une marmite, un hydromètre, dix bouteilles de bière de 12 onces ou six bouteilles de bière de 22 onces, leurs bouchons, le tuyau du siphon, la canne de soutirage, son embout et le remplisseur de bouteille. Siphonner $\frac{1}{2}$ tasse de bière à l'hydromètre et l'utiliser pour déterminer la gravité Hnal. Buvez la bière ou versez-la dans la cruche une fois utilisée.

q) Versez la solution de sucre de maïs dans la marmite. Siphonnez la bière dans la marmite pour la mélanger avec la solution de sucre de maïs, en éclaboussant le moins possible. Siphonner la bière dans des bouteilles, boucher et étiqueter.

r) Laissez les bouteilles reposer à température ambiante, à l'abri de la lumière directe du soleil pendant au moins 2 semaines pour carbonater complètement. Conserver jusqu'à 1 an. Réfrigérer avant de servir.

67. Bière Ferme Saison

Ingrédients

- 2 cuillères à soupe d'extrait de malt séché
- 1 tasse d'eau bouillante
- 1½ cuillères à soupe (½ tube) de levure Saison liquide
- 10 tasses / 2½ livres de malt pilsner, moulu
- 1 tasse / 4 onces de malt de blé, moulu
- 1 tasse / 4 onces de malt de Munich, moulu
- 1 cuillère à soupe / 0,3 once / 10 grammes de houblon de palissade (amer)
- ½ cuillère à café / 0,05 once / 1,5 grammes Sorachi Ace **Houblon**(aimer)
- ½ cuillère à café / 0,05 once / 1,5 grammes Sorachi Ace **Houblon**(arôme)
- 3 cuillères à soupe / 1 once de sucre de maïs dissous dans ½ tasse d'eau

bouillante et refroidi, pour la mise en bouteille

les directions

a) Faites le démarreur de levure 6 à 12 heures avant de planifier l'infusion. Désinfectez un pot de conserve d'une pinte et une cuillère. Incorporer l'extrait de malt dans l'eau bouillante jusqu'à dissolution et laisser refroidir à température ambiante dans le bocal. Ajouter la levure et couvrir le bocal avec un morceau de film plastique fixé avec un élastique. Secouez bien le pot et laissez-le reposer jusqu'à ce que vous en ayez besoin. Le démarreur devrait devenir mousseux après quelques heures et vous verrez de minuscules bulles éclater à la surface du liquide.

b) Dans une grande marmite à feu vif, chauffer 1 gallon d'eau à 160 ° F. Pendant ce temps, préchauffez votre four à 150 ° F à 155 ° F pour créer un environnement agréable et confortable pour écraser les grains. Si vous n'avez pas de réglage de four aussi bas ou si vous ne possédez pas de thermomètre de four, réchauffez simplement votre four pendant environ 5 minutes au réglage le plus bas. Éteignez votre four une fois qu'il est chaud.

c) Pour faire la purée, retirez la casserole d'eau du feu, versez tous les grains - le malt pilsner, le malt de blé et le malt de Munich - dans l'eau et remuez. Vérifiez la température de la purée avec un thermomètre à lecture instantanée. Remuer jusqu'à ce qu'il atteigne au moins 155°F.

d) Couvrez la marmite et mettez-la au four. Réglez une minuterie sur 1 heure. Toutes les 15 minutes, sortez la casserole, remuez les grains et vérifiez la température. Maintenir une température de purée de 150°F à 155°F. Si la température commence à descendre en dessous de 150 ° F, placez la casserole sur le brûleur pendant une minute ou deux pour la réchauffer à nouveau. S'il fait trop chaud, remuez la purée hors du feu pendant quelques minutes pour faire baisser la température.

e) Après 1 heure, les grains sont écrasés. Si vous avez des problèmes avec des températures élevées ou basses, laissez la purée encore 15 minutes dans le four pour vous assurer que vous avez extrait tout le sucre.

f) Placez la casserole sur la cuisinière et chauffez la purée à 170°F. Maintenez la purée à cette température pendant environ 10 minutes. Pendant ce temps, chauffez le 1 gallon d'eau restant dans une casserole séparée à environ 170 ° F pour l'utiliser pour l'étape suivante.

g) Pour arroser les grains, placez une grande passoire sur une autre grande marmite, votre seau de fermentation ou un autre récipient assez grand pour contenir tout le liquide de l'étape de purée, et placez-le dans votre évier de cuisine. Verser les grains écrasés dans la passoire. Le liquide, maintenant appelé moût, s'accumulera dans le pot en dessous. Versez lentement la moitié de l'eau tiède sur les grains, en les rinçant uniformément.

h) Nettoyez la marmite utilisée pour faire la purée et transférez la passoire avec les grains utilisés dans cette marmite. Versez à nouveau le moût dans les grains. Répétez cette étape d'aspersion deux fois de plus, en terminant avec le moût dans votre marmite d'origine. Ajoutez suffisamment d'eau réchauffée supplémentaire pour obtenir environ $1\frac{3}{4}$ gallons de moût total, en mesurant en fonction de la taille de votre pot (un pot de 2 gallons sera presque plein). La quantité d'eau supplémentaire nécessaire variera en fonction de la quantité de liquide absorbée par les grains pendant le brassage. Jeter les grains utilisés.

i) Portez le moût à ébullition à feu vif sur la cuisinière. Cela prendra 30 à 45 minutes. Surveillez la cassure à chaud et veillez à ce que le moût ne déborde pas pendant que cela se produit. Remuez le moût ou baissez le feu au besoin.

j) Réglez une minuterie sur 90 minutes. Laissez bouillir le moût pendant 30 minutes, puis ajoutez 1 cuillère à soupe de houblon Palisade pour l'amertume. Lorsqu'il reste 20 minutes, ajoutez la ½ cuillère à café de Sorachi Ace Hops for Havoring. Lorsqu'il reste 1 minute, ajoutez la ½ cuillère à café de houblon Sorachi Ace pour l'arôme.

k) Préparez un bain de glace dans votre évier. Refroidissez le moût à environ 85 ° F, en changeant l'eau du bain de glace au besoin.

l) Désinfectez votre seau de fermentation et son couvercle, le sas, une cuillère à long manche, une passoire, un entonnoir et un hydromètre. Réglez la passoire sur le seau de fermentation de 2 gallons. Si vous le souhaitez, recouvrez la passoire d'une serviette en sac de Qour ou de plusieurs couches d'étamine (désinfectée en l'immergeant dans la solution désinfectante). Filtrer le moût dans le seau de fermentation. Assurez-vous d'avoir au moins 1 gallon de moût. Ajouter plus d'eau si nécessaire. Prenez une lecture de l'hydromètre pour déterminer la gravité d'origine

m) Versez le levain dans le moût et remuez vigoureusement pour répartir la levure et aérer le moût. Enclenchez le couvercle et insérez le sas à air. Placez le seau quelque part à l'écart, à l'abri de la lumière directe du soleil et à une température ambiante modérée. Vous devriez voir une fermentation active comme en témoignent les bulles dans le sas dans les 48 heures.

n) Laissez la bière fermenter sans être dérangée pendant au moins 3 jours ou jusqu'à 7 jours, jusqu'à ce que la fermentation ralentisse et que les sédiments créés pendant le brassage aient eu la chance de se déposer. À ce stade, la bière est prête à être transférée du sédiment et dans une cruche plus petite de 1 gallon pour la fermentation secondaire plus longue.

o) Désinfectez une cruche de 1 gallon, son bouchon, la canne de soutirage, son embout, le tuyau du siphon et le collier de serrage. Siphonner toute la bière dans la cruche. Inclinez le seau vers la fin pour siphonner tout le liquide. Arrêtez-vous lorsque vous voyez le liquide dans le tuyau devenir trouble avec des sédiments. Fermez la cruche avec son bouchon. Désinfectez le bouchon d'air et insérez-le dans le bouchon de la cruche. Laissez-le reposer dans un endroit frais et sombre pendant 2 semaines.

p) Pour embouteiller la bière, désinfectez une marmite, un hydromètre, dix bouteilles de bière de 12 onces ou six bouteilles de bière de 22 onces, leurs bouchons, le tuyau du siphon, la canne de soutirage, son embout et le remplisseur de bouteille. Siphonner $\frac{1}{2}$ tasse de bière à l'hydromètre et l'utiliser pour déterminer la gravité Hnal. Buvez la bière ou versez-la dans la cruche une fois utilisée.

q) Versez la solution de sucre de maïs dans la marmite. Siphonnez la bière dans la marmite pour la mélanger avec la solution de sucre de maïs, en éclaboussant le moins possible. Siphonner la bière dans des bouteilles, boucher et étiqueter.

r) Laissez les bouteilles reposer à température ambiante à l'abri de la lumière directe du soleil pendant au moins 2 semaines pour carbonater complètement. Conserver jusqu'à 1 an. Réfrigérer avant de servir.

68. Pale Ale sans gluten

Ingrédients

- 2 cuillères à soupe d'extrait de sorgho
- 1 tasse d'eau bouillante
- 2 cuillères à café (1 sachet) de levure de bière sèche (telle que Safale US-05)
- 1½ gallon d'eau
- 1¼ tasses / 8 onces de gruau de sarrasin grillé
- 2⅛ tasses / 1½ livre d'extrait de sorgho
- 2 cuillères à soupe / 0,7 once / 20 grammes de houblon en grappe (amer)
- 1 cuillère à soupe / 0,3 once / 10 grammes de houblon en grappe (avoring)
- ⅛ cuillère à café de mousse d'Irlande séchée
- 1 cuillère à soupe / 0,3 once / 10 grammes de houblon Saaz (arôme)
- 3 cuillères à soupe / 1 once de sucre de maïs dissous dans ½ tasse d'eau

bouillante et refroidi, pour la mise en bouteille

les directions

a) Préparez le levain 1 à 3 heures avant l'infusion. Désinfectez un pot de conserve d'une pinte et une cuillère. Incorporer 2 cuillères à soupe d'extrait de sorgho dans 1 tasse d'eau bouillante jusqu'à dissolution et laisser refroidir à température ambiante dans le bocal. Ajouter la levure et couvrir le bocal avec un morceau de film plastique fixé avec un élastique. Secouez bien le pot et laissez-le reposer jusqu'à ce que vous en ayez besoin. Le démarreur devrait devenir mousseux après quelques heures et vous verrez de minuscules bulles éclater à la surface du liquide.

b) Dans une grande marmite à feu vif, chauffer 8 tasses d'eau à 155 °F. Pendant ce temps, préchauffez votre four à 150 ° F à 155 ° F pour créer un environnement agréable et confortable pour écraser les grains. Si vous n'avez pas de réglage de four aussi bas ou si vous ne possédez pas de thermomètre de four, réchauffez simplement votre four pendant environ 5 minutes au réglage le plus bas. Éteignez votre four une fois qu'il est chaud.

c) Retirez la casserole d'eau du feu, versez le sarrasin dans l'eau et remuez. Vérifiez la température de la purée avec un thermomètre à lecture instantanée. Remuer jusqu'à ce qu'il atteigne au moins 155°F.

d) Couvrez la marmite et mettez-la au four. Réglez une minuterie sur 30 minutes. À mi-cuisson, sortez la casserole, remuez les grains et vérifiez la température. Maintenir une température de purée de 150°F à 155°F. Si la température commence à descendre en dessous de 150 ° F, placez la casserole sur le brûleur pendant une minute ou deux pour la réchauffer à nouveau. S'il fait trop chaud, remuez la purée hors du feu pendant quelques minutes pour faire baisser la température.

e) Après 30 minutes, le sarrasin est écrasé. Placez la casserole sur la cuisinière et chauffez la purée à 170°F. Maintenez-le à cette température pendant environ 10 minutes. Pendant ce temps, chauffez le 1 gallon d'eau restant à environ 170 ° F dans une casserole séparée à utiliser pour l'étape suivante.

f) Pour arroser les grains, placez une grande passoire sur une autre grande marmite, votre seau de fermentation ou un autre récipient assez grand pour contenir tout le liquide de l'étape de purée, et placez-le dans votre évier de cuisine. Verser les grains écrasés dans la passoire. Le liquide, maintenant appelé moût, s'accumulera dans le pot en dessous. Versez lentement la moitié de l'eau tiède sur les grains, en les rinçant uniformément.

g) Nettoyez la marmite utilisée pour faire la purée et transférez la passoire avec les grains utilisés dans cette marmite. Versez à nouveau le moût dans les grains. Répétez cette étape d'aspersion deux fois de plus, en terminant avec le moût dans votre marmite d'origine.

h) Ajoutez $1\frac{1}{2}$ livre d'extrait de sorgho et suffisamment d'eau réchauffée supplémentaire pour obtenir environ $1\frac{1}{2}$ gallon de moût total, en mesurant en fonction de la taille de votre pot (un pot de 2 gallons sera aux trois quarts plein). La quantité d'eau supplémentaire nécessaire variera en fonction de la quantité de liquide absorbée par les grains pendant le brassage. Jeter les grains utilisés.

i) Portez le moût à ébullition à feu vif sur la cuisinière. Cela prendra 30 à 45 minutes. Surveillez la cassure à chaud et veillez à ce que le moût ne déborde pas pendant que cela se produit. Remuez le moût ou baissez le feu au besoin.

j) Réglez une minuterie sur 60 minutes et ajoutez les 2 cuillères à soupe de houblon en grappe pour l'amertume. Lorsqu'il reste 20 minutes, ajoutez 1 cuillère à soupe de houblon en grappe pour la dégustation et la mousse d'Irlande. Lorsqu'il reste 1 minute, ajoutez 1 cuillère à soupe de houblon Saaz pour l'arôme.

k) Préparez un bain de glace dans votre évier. Refroidissez le moût à environ 85 ° F, en changeant l'eau de l'évier au besoin.

l) Désinfectez votre seau de fermentation et son couvercle, le sas, une cuillère à long manche, une passoire, un entonnoir et un hydromètre. Réglez la passoire sur le seau de fermentation de 2 gallons. Si vous le souhaitez, recouvrez la passoire d'une serviette en sac de Qour ou de plusieurs couches d'étamine (désinfectée en l'immergeant dans la solution désinfectante). Filtrer le moût dans le seau de fermentation. Assurez-vous d'avoir au moins 1 gallon de moût. Ajouter plus d'eau si nécessaire. Prenez une lecture de l'hydromètre pour déterminer la gravité d'origine.

m) Versez le levain dans le moût et remuez vigoureusement pour répartir la levure et aérer le moût. Enclenchez le couvercle et insérez le sas à air. Placez le seau quelque part à l'écart, à l'abri de la lumière directe du soleil et à une température ambiante modérée. Vous devriez voir une fermentation active comme en témoignent les bulles dans le sas dans les 48 heures.

n) Laissez la bière fermenter sans être dérangée pendant au moins 3 jours ou jusqu'à 7 jours, jusqu'à ce que la fermentation ralentisse et que les sédiments créés pendant le brassage aient eu la chance de se déposer. À ce stade, la bière est prête à être transférée du sédiment et dans une cruche plus petite de 1 gallon pour la fermentation secondaire plus longue.

o) Désinfectez une cruche de 1 gallon, son bouchon, la canne de soutirage, son embout, le tuyau du siphon et le collier de serrage. Siphonner toute la bière dans la cruche. Inclinez le seau vers la fin pour siphonner tout le liquide. Arrêtez-vous lorsque vous voyez le liquide dans le tuyau devenir trouble avec des sédiments. Fermez la cruche avec son bouchon. Désinfectez le bouchon d'air et insérez-le dans le bouchon de la cruche. Laissez-le reposer dans un endroit frais et sombre pendant 2 semaines.

p) Pour embouteiller la bière, désinfectez une marmite, un hydromètre, dix bouteilles de bière de 12 onces ou six bouteilles de bière de 22 onces, leurs bouchons, le tuyau du siphon, la canne de soutirage, son embout et le remplisseur de bouteille. Siphonner ½ tasse de bière à l'hydromètre et l'utiliser pour déterminer la gravité Hnal. Buvez la bière ou versez-la dans la cruche une fois utilisée.

q) Versez la solution de sucre de maïs dans la marmite. Siphonnez la bière dans la marmite pour la mélanger avec la solution de sucre de maïs, en éclaboussant le moins possible. Siphonner la bière dans des bouteilles, boucher et étiqueter.

r) Laissez les bouteilles reposer à température ambiante à l'abri de la lumière directe du soleil pendant au moins 2 semaines pour carbonater complètement. Conserver jusqu'à 1 an. Réfrigérer avant de servir.

69. Moka Stout

FAIT 1 GALLON

Ingrédients

- 2 cuillères à soupe d'extrait de malt séché
- 1 tasse d'eau bouillante
- 1½ cuillères à soupe (½ tube) de levure liquide London ale
- 2 gallons d'eau
- 8 tasses / 2 livres de malt Maris Otter, moulu
- 1 tasse / 4 onces d'orge grillée, moulue
- 1 tasse / 4 onces de malt Caramunich, moulu
- 1 tasse / 4 onces de flocons d'avoine
- 1½ cuillères à soupe / 0,5 once / 15 grammes de houblon Fuggle (amer)
- ½ à soupe / 0,17 once / 5 grammes Palisade **Houblon** (arôme)

- ½ tasse / 2 onces d'éclats de cacao, grossièrement moulus

- 2½ cuillères à soupe / 0,75 once de sucre de maïs dissous dans ½ tasse d'eau bouillante, pour la mise en bouteille

les directions

a) Faites le démarreur de levure 6 à 12 heures avant de commencer à infuser. Désinfectez un pot de conserve d'une pinte et une cuillère. Incorporer l'extrait de malt dans l'eau bouillante jusqu'à dissolution et laisser refroidir à température ambiante dans le bocal. Ajouter la levure et couvrir le bocal avec un morceau de film plastique fixé avec un élastique. Secouez bien le pot et laissez-le reposer jusqu'à ce que vous en ayez besoin. Le démarreur devrait devenir mousseux après quelques heures et vous verrez de minuscules bulles éclater à la surface du liquide.

b) Dans une grande marmite à feu vif, chauffer 1 gallon d'eau à 160 ° F. Pendant ce temps, préchauffez votre four à 150 ° F à 155 ° F pour créer un environnement agréable et confortable pour écraser les grains. Si vous n'avez pas de réglage de four aussi bas ou si vous ne possédez pas de thermomètre de four, réchauffez simplement votre four pendant environ 5 minutes au réglage le plus bas. Éteignez votre four une fois qu'il est chaud.

c) Retirez la casserole d'eau du feu, versez tous les grains - les malts Maris Otter, l'orge torréfiée, les malts Caramunich et l'avoine akée - dans l'eau et remuez. Vérifiez la température de la purée avec un thermomètre à lecture instantanée. Remuer jusqu'à ce qu'il atteigne au moins 155°F.

d) Couvrez la marmite et mettez-la au four. Réglez une minuterie sur 1 heure. Toutes les 15 minutes, sortez la casserole, remuez les grains et vérifiez la température. Maintenir une température de purée de 150°F à 155°F. Si la température commence à descendre en dessous de 150 °F, placez la casserole sur le brûleur pendant une minute ou deux pour la réchauffer à nouveau. S'il fait trop chaud, remuez la purée hors du feu pendant quelques minutes pour faire baisser la température.

e) Après 1 heure, les grains sont écrasés. Si vous avez des problèmes avec des températures élevées ou basses, laissez la purée encore 15 minutes dans le four pour vous assurer que vous avez extrait tout le sucre.

f) Placez la casserole sur la cuisinière et chauffez la purée à 170°F. Maintenez-le à cette température pendant environ 10 minutes. Pendant ce temps, chauffez le 1 gallon d'eau restant à environ 170 °F dans une casserole séparée pour l'utiliser à l'étape suivante.

g) Pour arroser les grains, placez une grande passoire sur une autre grande marmite, votre seau de fermentation ou un autre récipient assez grand pour contenir tout le liquide de l'étape de purée, et placez-le dans votre évier de cuisine. Verser les grains écrasés dans la passoire. Le liquide, maintenant appelé moût, s'accumulera dans le pot en dessous. Versez lentement la moitié de l'eau tiède sur les grains, en les rinçant uniformément.

h) Nettoyez la marmite utilisée pour faire la purée et transférez la passoire avec les grains utilisés dans cette marmite. Versez à nouveau le moût dans les grains. Répétez cette étape d'aspersion deux fois de plus, en terminant avec le moût dans votre marmite d'origine. Ajoutez suffisamment d'eau réchauffée supplémentaire pour obtenir environ $1\frac{1}{2}$ gallon de moût total, en mesurant en fonction de la taille de votre pot (un pot de 2 gallons sera aux trois quarts plein). La quantité d'eau supplémentaire nécessaire variera en fonction de la quantité de liquide absorbée par les grains pendant le brassage. Jeter les grains utilisés.

i) Portez le moût à ébullition à feu vif sur la cuisinière. Cela prendra 30 à 45 minutes. Surveillez la cassure à chaud et veillez à ce que le moût ne déborde pas pendant que cela se produit. Remuez le moût ou baissez le feu au besoin.

j) Réglez une minuterie sur 60 minutes et ajoutez le houblon Fuggle pour l'amertume. Lorsqu'il reste 1 minute, ajouter le Houblon Palissade pour l'arôme et les éclats de cacao.

k) Préparez un bain de glace dans votre évier. Refroidissez le moût à environ 85 ° F, en changeant l'eau du bain de glace au besoin.

l) Désinfectez votre seau de fermentation et son couvercle, le sas, une cuillère à long manche, une passoire, un entonnoir et un hydromètre. Réglez la passoire sur le seau de fermentation de 2 gallons. Si vous le souhaitez, recouvrez la passoire d'une serviette en sac de Qour ou de plusieurs couches d'étamine (désinfectée en l'immergeant dans la solution désinfectante). Filtrer le moût dans le seau de fermentation. Vérifiez que vous avez environ 1 gallon de moût. Ajouter plus d'eau si nécessaire. Prenez une lecture de l'hydromètre pour déterminer la gravité d'origine.

m) Versez le levain dans le moût et remuez vigoureusement pour répartir la levure et aérer le moût. Enclenchez le couvercle et insérez le sas à air. Placez le seau quelque part à l'écart, à l'abri de la lumière directe du soleil et à une température ambiante modérée.

n) Vous devriez voir une fermentation active comme en témoignent les bulles dans le sas dans les 48 heures. Laissez la bière fermenter sans être dérangée pendant au moins 3 jours ou jusqu'à 7 jours, jusqu'à ce que la fermentation ralentisse et que les sédiments créés pendant le brassage aient eu la chance de se déposer. À ce stade, la bière est prête à être transférée du sédiment et dans une cruche plus petite de 1 gallon pour la fermentation secondaire plus longue.

o) Désinfectez une cruche de 1 gallon, son bouchon, la canne de soutirage, son embout, le tuyau du siphon et le collier de serrage. Siphonner toute la bière dans la cruche. Inclinez le seau vers la fin pour siphonner tout le liquide. Arrêtez-vous lorsque vous voyez le liquide dans le tuyau devenir trouble avec des sédiments. Fermez la cruche avec son bouchon. Désinfectez le bouchon d'air et insérez-le dans le bouchon de la cruche. Laissez-le reposer dans un endroit frais et sombre pendant encore 2 semaines.

p) Pour embouteiller la bière, désinfectez une marmite, un hydromètre, dix bouteilles de bière de 12 onces ou six bouteilles de bière de 22 onces, leurs bouchons, le tuyau du siphon, la canne de soutirage, son embout et le remplisseur de bouteille. Siphonner ½ tasse de bière à l'hydromètre et l'utiliser pour déterminer la gravité Hnal. Buvez la bière ou versez-la dans la cruche une fois utilisée.

q) Versez la solution de sucre de maïs dans la marmite. Siphonnez la bière dans la marmite pour la mélanger avec la solution de sucre de maïs, en éclaboussant le moins possible. Siphonner la bière dans des bouteilles, boucher et étiqueter.

r) Laissez les bouteilles reposer à température ambiante à l'abri de la lumière directe du soleil pendant au moins 2 semaines pour carbonater complètement. Conserver jusqu'à 1 an. Réfrigérer avant de servir.

70. Extra, extra spécial amer

Ingrédients

Projet de loi sur les céréales

- Maris Loutre   90 % 4,5 kg/10 lb
- Malt cristal britannique   10% 500g/1⅛lb

Houblon

- Challenger   Premier moût houblonné – 20g/¾oz
- East Kent Goldings Faire bouillir 10 min – 50g/1¾oz
- Challenger   Faire bouillir 5 minutes – 30g/1oz
- East Kent Goldings Faire bouillir 1 min – 50g/1¾oz

Levure

- Les options de levure de bière anglaise incluent les laboratoires blancs WLP002, Wyeast 1968 ou Safale S-04
- 1 comprimé de Protofloc (Mousse d'Irlande)

les directions

a) Apportez 24 litres/pintes d'eau jusqu'à 70°C (158°F). Traitez cette eau selon votre rapport d'eau.

b) Incorporer la purée. Maintenir une température de purée de 66 °C (151 °F) pendant 60 minutes.

c) Écraser - augmenter la température du grain à 75 °C (167 °F).

d) Arrosez avec 4 litres/pintes d'eau à 75°C (167°F) pour atteindre votre volume de pré-ébullition de pas plus de 23 litres/pintes.

e) Ajoutez votre premier moût Hops. Faites bouillir votre moût pendant 60 minutes. Ajouter le Houblon 10, 5 et 1 minutes avant la fin de l'ébullition.

f) Refroidissez votre moût à 18°C (64°F).

g) Liqueur de retour avec de l'eau sanitaire pour atteindre votre OG prévu.

h) Transférez votre moût dans un fermenteur propre et hygiénique. Aérez votre moût et plantez votre levure préparée.

i) Fermenter dans un fermenteur primaire à 18-20°C (64-68°F) pendant 2 semaines.
j) Bouteille avec 80 g/3 oz de sucre de table blanc pour atteindre 1,8 à 2 volumes de CO_2.

71. bière blonde anglaise

Ingrédients

Projet de loi sur les céréales

- Premium English Pale Malt, tel que Maris Otter ou Golden Promise 100% 4kg/9lb

Houblon

- Challenger (7,5 % AA)
- Premier moût houblonné – 20g/¾oz
- Challenger (7,5 % AA)
- Faire bouillir 15 minutes – 40g/1½oz
- Challenger (7,5 % AA)
- Ajouter à l'extinction - 40g/1½oz

Levure

- Levure Yorkshire Ale, telle que Wyeast 1469 ou WLP037. Alternatives : English Ale Yeast, comme White labs WLP002, Wyeast 1968 ou Safale S-04
- 1 comprimé de Protofloc (Mousse d'Irlande)

les directions

a) Préparez votre levure. Nettoyez et préparez votre équipement de brassage
b) Apportez 20 litres/pintes d'eau jusqu'à 69°C (156°F).
c) Incorporer la purée. Maintenir une température de purée de 65°C (149°F) pendant 60 minutes.
d) Mash out - augmentez la température de votre grain à 75 ° C (167 ° F).
e) Arrosez avec 4 litres/pintes d'eau à 75°C (167°F) pour atteindre votre volume de pré-ébullition de pas plus de 22 litres/pintes.
f) Ajoutez votre premier moût Hops. Faites bouillir votre moût pendant 60 minutes. Ajoutez vos ajouts de houblon 15 minutes avant la fin de l'ébullition et à l'extinction.
g) Refroidissez votre moût à 18°C (64°F). Mesurez votre gravité d'origine. Liqueur de retour avec de l'eau sanitaire pour atteindre votre OG prévu.
h) Transférez votre moût dans un fermenteur propre et hygiénique. Aérez

votre moût et plantez votre levure préparée.

i) Fermenter dans un fermenteur primaire à 18-20°C (64-68°F) pendant 2 semaines.

j) Bouteille avec 90g/3¼oz de sucre de table blanc pour atteindre 1,9-2,1 volumes de CO_2.

72. IPA anglaise à l'ancienne

Ingrédients

Projet de loi sur les céréales

- Pale Malt, Maris Loutre   87,3 % – 5,5 kg/12 lb
- Cristal Malt (80L)   6,3 % – 400 g/14 oz
- Malt de blé   6,3 % – 400 g/14 oz

Houblon

- Cible (11 % AA) Premier moût houblonné – 30g/1oz
- Challenger (7,5 % AA)   Faire bouillir 10 minutes – 30g/1oz
- Challenger (7,5 % AA)   Faire bouillir 5 minutes – 30g/1oz
- Challenger (7,5 % AA)   Arôme raide – 30 min 40g/1½oz
- East Kent Goldings (5% AA) Aroma raide
- 30 min – 50g/1¾oz
- Cible (11% AA) Arôme raide 30 minutes – 20g/¾oz
- East Kent Goldings (5% AA) Houblon sec pendant 3 jours – 50g/1¾oz

Levure

- Une levure de bière anglaise sèche, telle que White labs WLP007, Wyeast 1098, Mangrove Jacks m07 ou Nottingham, si vous êtes vraiment coincé.
- 1 comprimé de Protofloc (Mousse d'Irlande)

les directions

a) Préparez votre levure. Nettoyez et préparez votre équipement de brassage

b) Apportez 27 litres/pintes d'eau jusqu'à 69,5°C (157°F).

c) Incorporer la purée. Maintenir une température de purée de 65°C (149°F) pendant 60 minutes.

d) Mash out - augmentez la température de votre grain à 75 ° C (167 ° F).

e) Arrosez avec 6 litres/pintes d'eau à 75°C (167°F) pour atteindre votre

volume de pré-ébullition de pas plus de 25 litres/pintes.

f) Ajoutez votre premier moût Hops. Faites bouillir votre moût pendant 60 minutes. Ajoutez vos ajouts de houblon à 10 et 5 minutes avant la fin de l'ébullition.

g) Refroidissez votre bière à 75-79°C (167-174°F) et ajoutez votre arôme Houblon. Faites-les tremper pendant 30 minutes.

h) Refroidissez votre moût à 18°C (64°F). Mesurez votre gravité d'origine. Liqueur de retour avec de l'eau sanitaire pour atteindre votre OG prévu.

i) Transférez votre moût dans un fermenteur propre et hygiénique. Aérez votre moût et plantez votre levure préparée.

j) Fermentation dans un fermenteur primaire à 18-20°C (64-68°F) pendant 2 semaines, ou jusqu'à ce que vous ayez trois lectures de gravité identiques sur 3 jours.

k) Transférer dans un fermenteur secondaire et houblonnage à sec pendant 3 jours.

l) Bouteille avec 100 g/3½ oz de sucre de table blanc pour atteindre 2,1 à 2,3 volumes de CO_2.

73. Bière brune

Ingrédients

Projet de loi sur les céréales

- Pale Malt, Maris Loutre   82,2 % – 3,7 kg/8 lb
- Malt Cristal Noir (120L)   4,4 % – 200 g/7 oz
- Malt cristal pâle (20L)   4,4 % – 200 g/7 oz
- Malt ambré   4,4 % – 200 g/7 oz
- Malt Chocolat   4,4 % – 200 g/7 oz

Houblon

- Cible (11 % AA) Premier moût houblonné – 15g/½oz
- Fuggle (4,5 % AA)   Faire bouillir 15 minutes – 20g/¾oz
- Fuggle (4,5 % AA)   Faire bouillir 5 minutes – 20g/¾oz

Levure

- Une levure de bière anglaise sèche, telle que White labs WLP007, Wyeast 1098, Mangrove Jacks m07 ou Nottingham, si vous êtes vraiment coincé.

- 1 comprimé de Protofloc (Mousse d'Irlande)

les directions

a) Apportez 22 litres/pintes d'eau jusqu'à 71°C (160°F).

b) Incorporer la purée. Maintenir une température de purée de 66,5 °C (152 °F) pendant 60 minutes.

c) Mash out - augmentez la température de votre grain à 75 ° C (167 ° F).

d) Arrosez avec 4 litres/pintes d'eau à 75°C (167°F) pour atteindre votre volume de pré-ébullition de pas plus de 22 litres/pintes.

e) Ajoutez votre premier moût Hops. Faites bouillir votre moût pendant 60 minutes. Ajoutez vos ajouts de houblon à 15 et 5 minutes avant la fin de l'ébullition

f) Refroidissez votre moût à 18°C (64°F). Mesurez votre gravité d'origine et rincez avec de l'eau sanitaire pour atteindre votre OG prévu.

g) Transférez votre moût dans un fermenteur propre et hygiénique. Aérez votre moût et plantez votre levure préparée.

h) Fermentation dans un fermenteur primaire à 18-20°C (64-68°F) pendant 2 semaines, ou jusqu'à ce que vous ayez trois lectures de gravité identiques sur 3 jours.

i) Bouteille avec 100 g/$3\frac{1}{2}$ oz de sucre de table blanc pour atteindre 2,1 à 2,3 volumes de CO_2

74. Porteur de paddy sec

Ingrédients

Projet de loi sur les céréales

- Pale Malt, Maris Loutre   77,8 % – 3,5 kg/7¾ lb

- Cristal Malt (80L)   8,9 % – 400g/14oz

- Malt Chocolat   6,7 % – 300g/10½oz

- Malt Brun   4,4 % – 200g/7oz

- Mélasse noire (ajoutée pendant l'ébullition)   2,2 % – 100g/3½oz

Houblon

- East Kent Goldings (5% AA) Premier moût houblonné – 30g/1oz

- East Kent Goldings (5% AA) Faire bouillir 15 minutes – 30g/1oz

- East Kent Goldings (5% AA) Faire bouillir 1 min – 20g/¾oz

Levure

- Irish Ale Yeast, comme WLP004 ou Wyeast 1084 Alternatives : Dry English Ale Yeast comme Mangrove Jacks m07, WLP007 ou Wyeast 1098

- 1 comprimé de Protofloc (Mousse d'Irlande)

les directions

a) Apportez 24 litres/pintes d'eau jusqu'à 71°C (160°F).

b) Incorporer la purée. Maintenir une température de purée de 66,5 °C (152 °F) pendant 60 minutes.

c) Mash out - augmentez la température de votre grain à 75 ° C (167 ° F).

d) Arrosez avec 4 litres/pintes d'eau à 75°C (167°F) pour atteindre votre volume de pré-ébullition de pas plus de 23 litres/pintes.

e) Ajoutez votre premier moût Hops. Faites bouillir votre moût pendant 60 minutes, en ajoutant votre mélasse au début. Ajoutez vos ajouts de houblon à 15 minutes et 1 minute avant la fin de votre ébullition.

f) Refroidissez votre moût à 18°C (64°F). Mesurez votre gravité d'origine. Liqueur de retour avec de l'eau sanitaire pour atteindre votre OG prévu.

g) Transférez votre moût dans un fermenteur propre et hygiénique. Aérez votre moût et plantez votre levure préparée.

h) Fermentation dans un fermenteur primaire à 18-20°C (64-68°F) pendant 2 semaines, ou jusqu'à ce que vous ayez trois lectures de gravité identiques sur 3 jours.

i) Bouteille avec 90 g/$3\frac{1}{4}$ oz de sucre de table blanc pour atteindre 2,0 à 2,2 volumes de CO_2

75. Stout à l'avoine

Ingrédients

Projet de loi sur les céréales

- Pale Malt, Maris Loutre   78,6 % – 4,4 kg/9¾ lb
- Cristal Malt (80L)   3,6 % – 200g/7oz
- Malt Chocolat 3,6 % – 200g/7oz
- Malt au chocolat pâle 3,6 % – 200g/7oz
- Chocolat Blé Malt   3,6 % – 200g/7oz
- Avoine, roulée 7,2 % – 400g/14oz

Houblon

- East Kent Goldings (5% AA) Premier moût houblonné – 60g/2⅛oz
- East Kent Goldings (5% AA) Faire bouillir 10 min – 20g/¾oz

Levure

- Dry English Ale Yeast comme Mangrove Jacks m07, WLP007 ou Wyeast 1098
- 1 comprimé de Protofloc (Mousse d'Irlande)

les directions

a) Apportez 24 litres/pintes d'eau jusqu'à 70,5°C (159°F).

b) Incorporer la purée. Maintenir une température de purée de 65,5°C (152°F) pendant 60 minutes.

c) Mash out - augmentez la température de votre grain à 75 ° C (167 ° F).

d) Arrosez avec environ 4 litres/pintes d'eau à 75°C (167°F) pour atteindre votre volume de pré-ébullition de pas plus de 23 litres/pintes.

e) Ajoutez votre premier moût Hops. Faites bouillir votre moût pendant 60 minutes. Ajoutez votre ajout de houblon 10 minutes avant la fin de votre ébullition.

f) Refroidissez votre moût à 18°C (64°F). Mesurez votre gravité d'origine et rincez avec de l'eau sanitaire pour atteindre votre OG prévu.

g) Transférez votre moût dans un fermenteur propre et hygiénique. Aérez

votre moût et plantez votre levure préparée.

h) Fermentation dans un fermenteur primaire à 18-20°C (64-68°F) pendant 2 semaines, ou jusqu'à ce que vous ayez trois lectures de gravité identiques sur 3 jours.

i) Bouteille avec 100 g/3½ oz de sucre de table blanc pour atteindre 2,2 à 2,4 volumes de CO_2.

76. Stout d'exportation irlandaise

Ingrédients

Projet de loi sur les céréales

- Pale Malt, Maris Loutre   80,6 % – 5 kg/11 lb
- Malt Spécial B 3,2 % – 200g/7oz
- Malt Chocolat 4,8 % – 300g/10½oz
- Chocolat Blé Malt   4,8 % – 200g/7oz
- Blé non malté 6,5 % – 400g/14oz

Houblon

- Challenger (7,5 % AA)   Premier moût houblonné – 40g/1½oz
- Challenger (7,5 % AA)   Faire bouillir 15 minutes – 20g/¾oz

Levure

- Levure de bière irlandaise ; WLP004 ou Wyeast 1084
- 1 comprimé de Protofloc (Mousse d'Irlande)

les directions

a) Apportez 26 litres/pintes d'eau jusqu'à 70°C (158°F).

b) Incorporer la purée. Maintenir une température de purée de 65°C (149°F) pendant 60 minutes.

c) Mash out - augmentez la température de votre grain à 75 ° C (167 ° F)

d) Arrosez avec environ 6 litres/pintes d'eau à 75°C (167°F) pour atteindre votre volume de pré-ébullition de pas plus de 23 litres/pintes.

e) Ajoutez votre premier moût Hops. Faites bouillir votre moût pendant 60 minutes. Ajoutez votre ajout de houblon 15 minutes avant la fin de votre ébullition.

f) Refroidissez votre moût à 18°C (64°F). Mesurez votre gravité d'origine, puis rincez avec de l'eau sanitaire pour atteindre votre OG prévu.

g) Transférez votre moût dans un fermenteur propre et hygiénique. Aérez

votre moût et plantez votre levure préparée.

h) Fermentation dans un fermenteur primaire à 18-20°C (64-68°F) pendant 2 semaines, ou jusqu'à ce que vous ayez trois lectures de gravité identiques sur 3 jours.

i) Bouteille avec 100 g/3½ oz de sucre de table blanc pour atteindre 2,2 à 2,4 volumes de CO_2.

77. Exportation écossaise

Ingrédients

Projet de loi sur les céréales

- Maris Loutre   84,2 % – 3,2 kg/7 lb
- Malt Spécial B 5,3 % – 200g/7oz
- Malt cristal pâle   5 % – 200 g/7 oz
- Malt ambré   2,6 % – 100g/3½oz
- Malt Chocolat   2,6 % – 100g/3½oz

Houblon

- East Kent Goldings (5% AA) Premier moût houblonné – 25g/7/8oz
- East Kent Goldings (5% AA) Faire bouillir 15 minutes – 25g/7/8oz

Levure

- Edimbourg ou levure de bière écossaise ; WLP028 ou Wyeast 1728. En un clin d'œil, vous pouvez utiliser une levure de bière anglaise telle que WLP002 ou Safale S-04

- 1 comprimé de Protofloc (Mousse d'Irlande)

les directions

a) Apportez 18 litres/pintes d'eau jusqu'à 71°C (160°F).

b) Incorporer la purée. Maintenir une température de purée de 66,5 °C (152 °F) pendant 60 minutes.

c) Mash out - augmentez la température de votre grain à 75 ° C (167 ° F).

d) Arrosez avec 4 litres/pintes d'eau à 75°C (167°F) pour atteindre votre volume de pré-ébullition de pas plus de 22 litres/pintes.

e) Ajoutez votre premier moût Hops. Faites bouillir votre moût pendant 60 minutes. Ajoutez vos ajouts de houblon 15 minutes avant la fin de l'ébullition.

f) Refroidissez votre moût à 18°C (64°F). Mesurez votre gravité d'origine et rincez avec de l'eau sanitaire pour atteindre votre OG prévu.

g) Transférez votre moût dans un fermenteur propre et hygiénique. Aérez votre moût et plantez votre levure préparée.

h) Fermenter dans un fermenteur primaire à 18-20°C (64-68°F) pendant 2 semaines.

i) Bouteille avec 80 g/3 oz de cassonade pour atteindre 1,9 à 2,1 volumes de CO_2.

78. Bière écossaise épicée

Ingrédients

Projet de loi sur les céréales

- Pale Malt, Maris Otter 91.5% – 7.5kg/16½lb

- Malt Cristal Noir (120L) 7.3% – 600g/1⅜lb

- Orge torréfiée 1,2 % – 100 g/3½ oz

Houblon

- East Kent Goldings (5% AA)

- Premier moût houblonné – 50g/1¾oz

Levure

- Edimbourg ou levure de bière écossaise ; WLP028 ou Wyeast 1728. En un clin d'œil : Dry English ou American Ale Yeast, comme la Safale US-05.

- 25 g/17/8 oz de graines de coriandre (coriandre), écrasées 1 comprimé de Protofloc (mousse d'Irlande)

les directions

a) Apportez 26 litres/pintes d'eau jusqu'à 72,5°C (162°F).

b) Incorporer la purée. Maintenir une température de purée de 66,5 °C (152 °F) pendant 60 minutes.

c) Mash out - augmentez la température de votre grain à 75 ° C (167 ° F).

d) Arrosez avec environ 6 litres/pintes d'eau à 75°C (167°F) pour atteindre votre volume de pré-ébullition de pas plus de 24 litres.

e) Ajoutez votre premier moût Hops. Portez votre moût à ébullition puis faites bouillir pendant 60 minutes. Ajoutez votre addition de coriandre concassée 5 minutes avant la fin de votre ébullition.

f) Refroidissez votre moût à 18°C (64°F). Mesurez votre gravité d'origine et rincez avec de l'eau sanitaire pour atteindre votre OG prévu.

g) Transférez votre moût dans un fermenteur propre et hygiénique. Aérez votre moût et plantez votre levure préparée.

h) Fermenter dans un fermenteur primaire à 18-20°C (64-68°F) pendant les 3 premiers jours. Après cela, vous pouvez le laisser monter en température jusqu'à 24°C (75°F) pour le reste de vos 2 semaines, ou jusqu'à ce que vous ayez trois lectures de gravité identiques.

i) Une fois que vous avez décidé à quoi le laisser monter, ne le laissez pas tomber. Sinon, votre levure pourrait floculer et vous aurez une bière sous-atténuée.

j) Bouteille avec 100 g/3½ oz de sucre de table blanc pour atteindre 2,1 à 2,3 volumes de CO_2. Vieillissement en bouteille pendant au moins 2 semaines à température ambiante. Cette bière va continuer à se développer avec l'âge.

79. Amer savoureuse

Ingrédients

Projet de loi sur les céréales

- Maris Loutre   85,7 % – 3 kg/6½ lb
- Malt Cristal Britannique (80L)   8,6 % – 300 g/10½ oz
- Malt de blé   5,7 % 200 g/7 oz

Houblon

- East Kent Goldings   Premier saut de moût
- – 20g/¾oz
- East Kent Goldings   Faire bouillir 15 minutes
- – 40g/1½oz
- East Kent Goldings   Faire bouillir 1 minute
- – 40g/1½oz

Levure

- English Ale Yeast comme White labs WLP002, Wyeast 1968 ou Safale S-04

- 1 comprimé de Protofloc (Mousse d'Irlande)

les directions

a) Apportez 18 litres/pintes d'eau jusqu'à 70°C (158°F).

b) Incorporer la purée. Maintenir une température de purée de 66,5 °C (152 °F) pendant 60 minutes.

c) Mash out - augmentez la température de votre grain à 75 ° C (167 ° F).

d) Arrosez avec 5 litres/pintes d'eau à 75°C (167°F) pour atteindre votre volume de pré-ébullition de pas plus de 22 litres/pintes.

e) Ajoutez votre premier moût Hops. Faites bouillir votre moût pendant 60 minutes. Ajoutez vos ajouts de houblon à 15 et 1 minute avant la fin de l'ébullition.

f) Refroidissez votre moût à 18°C (64°F). Mesurez votre gravité d'origine et rincez avec de l'eau sanitaire pour atteindre votre OG prévu.

g) Transférez votre moût dans un fermenteur propre et hygiénique. Aérez votre moût et plantez votre levure préparée.

h) Fermenter dans un fermenteur primaire à 18-20°C (64-68°F) pendant 2 semaines.

i) Bouteille avec 70 g/2½ oz de sucre de table blanc pour atteindre 1,8 à 2 volumes de CO2.

80. Bière de blé américaine

Ingrédients

Projet de loi sur les céréales

- Maris Loutre, Extra Pâle   58,3 % – 2,7 kg/6 lb

- Blé non malté   33,3 %   – 1,5 kg/3¼ lb

- Avoine, roulée 8,3 % – 400 g/14 oz

Houblon

- Simcoe (12,3 % AA)   Faire bouillir 20 minutes – 25g/7/8oz

- Amarillo (8,2 % AA)   Faire bouillir 15 minutes – 25g/7/8oz

- Simcoe (12,3 % AA)   Faire bouillir 10 minutes – 25g/7/8oz

- Amarillo (8,2 % AA)   Arôme raide – 50g/1¾oz

- Simcoe (12,3 % AA)   Arôme raide – 50g/1¾oz

- Amarillo (8,2 % AA)   Houblon sec – 25g/7/8oz

Levure

- West Coast Ale Yeast, comme US-05, WLP001 ou Wyeast 1056, entre autres

les directions

a) Apportez 22 litres/pintes d'eau jusqu'à 69,5 °C (157 °F).

b) Maintenez une température de purée de 64,5 °C (148 °F) pendant 60 à 90 minutes.

c) Mash out - augmentez la température de votre grain à 75 ° C (167 ° F).

d) Arrosez avec 6 litres/pintes d'eau à 75°C (167°F) pour atteindre votre volume de pré-ébullition de pas plus de 26 litres/pintes.

e) Faites bouillir votre moût pendant 90 minutes. Ajoutez vos ajouts de houblon en une salve de houblon, à 20, 15, 10 et 5 minutes avant la fin de l'ébullition.

f) Refroidissez votre bière à 75-79°C (167-174°F) et ajoutez votre arôme Houblon. Faites-les infuser pendant 30 minutes à pas plus de 79°C (174°F).

g) Refroidissez votre moût à 18°C (64°F). Mesurez votre gravité d'origine. Liqueur de retour avec de l'eau sanitaire pour atteindre votre OG prévu.

h) Transférez votre moût dans un fermenteur propre et hygiénique. Aérez votre moût et plantez votre levure préparée.

i) Fermenter dans un fermenteur primaire à 18-20°C (64-68°F) pendant 2 semaines. Assurez-vous d'avoir trois lectures de gravité identiques sur 3 jours.

j) Transfert en fermenteur secondaire et houblonnage à sec pendant 3 jours.

k) Bouteille avec 110g/37/8oz de sucre de table blanc pour atteindre 2,4-2,5 volumes de CO_2.

81. IPA supplémentaire

Ingrédients

Projet de loi sur les céréales

- Maris Loutre   80,4 % – 4,5 kg/10 lb
- Malt munichois 8,9 % – 500 g/1⅛ lb
- Avoine, roulée 3,6 % – 200 g/7 oz
- Sucre, blanc   7,1 % – 400 g/14 oz

Houblon

- Columbus (CTZ) (14 % AA)   Premier moût houblonné – 25g/7/8oz
- Simcoe (12,3 % AA)   Faire bouillir 10 minutes – 25g/7/8oz
- Amarillo (8,5 % AA)   Faire bouillir 10 minutes – 25g/7/8oz
- Amarillo (8,5 % AA)   Arôme raide – 25g/7/8oz
- Simcoe (12,3 % AA)   Arôme raide – 25g/7/8oz
- Christophe Colomb (Tomahawk, Zeus ; 14 % AA)

- Arôme raide - 25g/7/8oz
- Centenaire (10% AA) Arôme raide - 50g/1¾oz
- Centenaire (10% AA) Houblon sec - 50g/1¾oz
- Amarillo (8,5 % AA) Houblon sec - 50g/1¾oz
- Simcoe (12,3 % AA) Houblon sec - 50g/1¾oz

Levure

- West Coast Ale Yeast, comme US-05, WLP001 ou Wyeast 1056, entre autres
- 1 tablette de mousse d'Irlande

les directions

a) Préparez la levure de votre choix - dans ce style, le surpiquage est une bonne idée. Nettoyez et préparez votre équipement de brassage.

b) Apportez 25 litres/pintes d'eau jusqu'à 69,5°C (157°F).

c) Incorporer la purée. Maintenir une température de purée de 64,5 °C (148 °F) pendant 60 à 75 minutes.

d) Mash out - augmentez la température de votre grain à 75 ° C (167 ° F).

e) Arrosez avec 6 litres/pintes d'eau à 75°C (167°F) pour atteindre votre volume de pré-ébullition de pas plus de 26 litres/pintes.

f) Ajoutez votre premier moût de houblon et faites bouillir votre moût pendant 60 minutes. Ajoutez vos ajouts de houblon 10 minutes avant la fin de l'ébullition.

g) Refroidissez votre bière à 75-79°C (167-174°F) et ajoutez votre ajout important de houblon aromatique.

h) Faites-les infuser pendant 30 minutes à pas plus de 79°C (174°F).

i) Refroidissez votre moût à 18 ° C (64 ° F), en le relançant avec de l'eau sanitaire pour atteindre la gravité initiale souhaitée.

j) Transférez votre moût dans un fermenteur propre et hygiénique. Aérez votre moût et plantez votre levure préparée.

k) Fermenter dans un fermenteur primaire à 18-20°C (64-68°F) pendant 2 semaines. Assurez-vous d'avoir trois lectures de gravité identiques sur 3 jours. Transférer dans votre fermenteur secondaire et houblonnage sec pendant 3 jours.

l) Bouteille avec 110g/37/8oz de sucre de table blanc pour atteindre 2,4-2,5 volumes de CO_2.

82. IPA impérial américain

Projet de loi sur les céréales

- Pale malt, 2 rangs US 91,3 % – 6,8 kg/15 lb
- Sucre blanc 8,7 % – 650 g/1½ lb

Houblon(500G)

- Guerrier (15% AA)
- Citra (12% AA)
- Centenaire (10% AA)
- Amarillo (8,5 % AA)
- Simcoe (13 % AA)
- Guerrier (15% AA)
- Premier moût houblonné – 75g/2¾oz
- Arôme raide – 50g/1¾oz
- Arôme raide – 50g/1¾oz
- Arôme raide – 50g/1¾oz
- Arôme raide – 100g/3½oz
- Houblon sec 3 jours – 25g/7/8oz

- Citra (12% AA) Houblon sec 3 jours – 50g/1¾oz

- Centenaire (10% AA) Houblon sec 3 jours – 50g/1¾oz

- Amarillo (8,5 % AA) Houblon sec 3 jours – 50g/1¾oz

Levure

- West Coast Ale Yeast, comme US-05, WLP001 ou Wyeast 1056. Beaucoup.

- 1 comprimé de mousse d'Irlande (tel que Protofloc ou Whirlfloc)

les directions

a) Préparez la levure de votre choix. Vous aurez besoin de beaucoup. Nettoyez et préparez votre équipement de brassage.

b) Apportez 27 litres/pintes d'eau jusqu'à 69,5°C (157°F).

c) Incorporer la purée. Maintenir une température de purée de 64,5 °C (148 °F) pendant 75 à 90 minutes.

d) Mash out - augmentez la température de votre grain à 75 ° C (167 ° F).

e) Arrosez avec 6 litres/pintes d'eau à 75°C (167°F) pour atteindre votre volume de pré-ébullition de pas plus de 27 litres/pintes.

f) Ajoutez votre premier moût de houblon et faites bouillir votre moût pendant 60 minutes. Ajoutez votre pastille de collage 15 minutes avant la fin de l'ébullition.

g) Refroidissez votre bière à 75-79°C (167-174°F) et ajoutez votre gros ajout de houblon aromatique. Faites-les infuser pendant 30 minutes à pas plus de 79°C (174°F).

h) Refroidissez votre moût à 18 ° C (64 ° F), en le relançant avec de l'eau sanitaire pour atteindre la gravité initiale souhaitée.

i) Transférez votre moût dans un fermenteur propre et hygiénique. Aérez

votre moût et plantez votre levure préparée.

j) Fermenter dans un fermenteur primaire à 18-20°C (64-68°F) pendant 2 semaines. Assurez-vous d'avoir trois lectures de gravité identiques sur 3 jours. Ne laissez pas cette bière devenir trop chaude.

k) Transfert en fermenteur secondaire et houblonnage à sec pendant 3 jours.

l) Bouteille avec 110g/37/8oz de sucre de table blanc pour atteindre 2,4-2,5 volumes de CO_2.

83. Bière ambrée aux moustiques

Projet de loi sur les céréales

- Malt pâle, Maris Otter   52,6 % – 3 kg/6½ lb
- Malt munichois 35,1 % – 2 kg/4½ lb
- Malt cristal   4,4 % – 250g/8¾oz
- Malt cristal pâle   4,4 % – 250g/8¾oz
- Malt Spécial B 3,5 % – 200g/7oz

Houblon

- Christophe Colomb (Tomahawk, Zeus ; 14 % AA)
- Premier moût houblonné – 15g/½oz
- Chinook (13% AA)   Faire bouillir 15 min – 10g/⅓onces
- Christophe Colomb (Tomahawk, Zeus ; 14 % AA)
- Faire bouillir 10 min – 10g/⅓onces
- Chinook (13% AA)   Faire bouillir 5 min – 10g/⅓onces

- Christophe Colomb (Tomahawk, Zeus ; 14 % AA)

- Arôme raide – 45g/15/8oz

- Chinook (13% AA)   Arôme raide – 50g/1¾oz

- Christophe Colomb (Tomahawk, Zeus ; 14 % AA)

- Houblon sec – 30g/1oz

- Chinook (13% AA)   Houblon sec – 30g/1oz

Levure

- West Coast Ale Yeast, comme US-05, WLP001 ou Wyeast 1056. Beaucoup.

- 1 comprimé de mousse d'Irlande (tel que Protofloc ou Whirlfloc)

les directions

a) Apportez 26 litres/pintes d'eau jusqu'à 71°C (160°F).

b) Incorporer la purée. Maintenir une température de purée de 66 °C (151 °F) pendant 60 minutes.

c) Mash out - augmentez la température de votre grain à 75 ° C (167 ° F).

d) Arrosez avec 4 litres/pintes d'eau à 75°C (167°F) pour atteindre votre volume de pré-ébullition de pas plus de 25 litres/pintes.

e) Ajoutez votre premier moût Hops puis faites bouillir votre moût pendant 60 minutes. Ajoutez vos ajouts de houblon à 15, 10 et 5 minutes avant la fin de l'ébullition. Ajoutez votre pastille de collage à 15 minutes.

f) Refroidissez votre bière à 75-79°C (167-174°F) et ajoutez votre arôme de houblon.

g) Faites-les infuser pendant 30 minutes à pas plus de 79°C (174°F).

h) Refroidissez votre moût à 18 ° C (64 ° F), en le relançant avec de l'eau sanitaire pour atteindre la gravité initiale souhaitée.

i) Transférez votre moût dans un fermenteur propre et hygiénique. Aérez votre moût et plantez votre levure préparée.

j) Fermenter dans un fermenteur primaire à 18-20°C (65-68°F) pendant 2 semaines. Assurez-vous d'avoir trois lectures de gravité identiques sur 3 jours.

k) Transfert en fermenteur secondaire et houblonnage à sec pendant 3 jours.

l) Bouteille avec 110g/37/8oz de sucre de table blanc pour atteindre 2,4-2,5 volumes de CO_2.

84. Armoire de rangement marron américain

Projet de loi sur les céréales

- Malt pâle, Maris Otter   76,1 % – 4 kg/9 lb
- Malt cristal   9,5 % – 500g/1$\frac{1}{8}$lb
- Malt ambré   5,7 % – 300g/10$\frac{1}{2}$oz
- Malt Chocolat   4,8 % – 250g/8$\frac{3}{4}$oz
- Avoine, roulée 3,9 % – 200 g/7 oz

Houblon

- Christophe Colomb (Tomahawk, Zeus ; 16 % AA)
-     Faire bouillir 10 minutes – 30g/1oz
- Christophe Colomb (Tomahawk, Zeus ; 16 % AA)
-     Faire bouillir 5 minutes – 30g/1oz
- Christophe Colomb (Tomahawk, Zeus ; 16 % AA)
-     Arôme raide – 100g/3$\frac{1}{2}$oz
- Centenaire (10% AA) Arôme raide – 40g/1$\frac{1}{2}$oz

Levure

- West Coast Ale Yeast, comme Safale US-05, WLP001 ou Wyeast 1056
- 1 comprimé de mousse d'Irlande (tel que Protofloc ou Whirlfloc)

les directions

a) Apportez 24 litres/pintes d'eau jusqu'à 71,5°C (161°F).

b) Incorporer la purée. Maintenir une température de purée de 66 °C (151 °F) pendant 60 minutes.

c) Mash out - augmentez la température de votre grain à 75 ° C (167 ° F).

d) Arrosez avec 4 litres/pintes d'eau à 75°C (167°F) pour atteindre votre volume de pré-ébullition de pas plus de 25 litres/pintes.

e) Faites bouillir votre moût pendant 60 minutes. Ajoutez votre éclat de houblon à 10 et 5 minutes avant la fin de l'ébullition. Ajoutez votre pastille de collage à 15 minutes.

f) Refroidissez votre bière à 75-79°C (167-174°F) et ajoutez votre arôme de houblon.

g) Faites-les infuser pendant 30 minutes à pas plus de 79°C (174°F).

h) Refroidissez votre moût à 18 °C (64 °F), en le relançant avec de l'eau sanitaire pour atteindre la gravité initiale souhaitée.

i) Transférez votre moût dans un fermenteur propre et hygiénique. Aérez votre moût et plantez votre levure préparée.

j) Fermenter dans un fermenteur primaire à 18-20°C (64-68°F) pendant 2 semaines. Assurez-vous d'avoir trois lectures de gravité identiques sur 3 jours.

k) Bouteille avec 110g/37/8oz de sucre de table blanc pour atteindre 2,4-2,5 volumes de CO_2.

85. Barleywine américain

Projet de loi sur les céréales

- Malt pâle, Maris Otter   90 % - 9 kg/20 lb
- Malt cristal   5%   - 500g/1$\frac{1}{8}$lb
- Malt ambré   2%   - 200g/7oz
- Avoine, roulée   3%   - 300g/10$\frac{1}{2}$oz

Houblon

- Guerrier (15% AA)   Premier moût houblonné - 50g/1$\frac{3}{4}$oz
- Amarillo (8,5 % AA)   Faire bouillir 10 min - 50g/1$\frac{3}{4}$oz
- Chinook (13% AA)   Faire bouillir 5 minutes - 50g/1$\frac{3}{4}$oz
- Amarillo (8,5 % AA)   Arôme raide - 50g/1$\frac{3}{4}$oz
- Chinook (13% AA)   Arôme raide - 50g/1$\frac{3}{4}$oz

Levure

- West Coast Ale Yeast, comme Safale US-05, WLP001 ou Wyeast 1056. Beaucoup.

- 1 comprimé de mousse d'Irlande (tel que Protofloc ou Whirlfloc)

les directions

a) Préparez la levure de votre choix. Vous aurez besoin de beaucoup de cellules. Nettoyez et préparez votre équipement de brassage.

b) Apportez 28 litres/pintes d'eau jusqu'à 72°C (161°F).

c) Incorporer la purée. Maintenir une température de purée de 66 °C (151 °F) pendant 60 à 75 minutes.

d) Mash out - augmentez la température de votre grain à 75 ° C (167 ° F).

e) Arrosez avec 8 litres/pintes d'eau à 75°C (167°F) pour atteindre votre

volume de pré-ébullition de pas plus de 25 litres/pintes.

f) Ajoutez votre First Wort Hops et faites bouillir votre moût pendant 60 minutes. Ajoutez votre arôme Houblon à 10 et 5 minutes avant la fin de l'ébullition. Ajoutez votre pastille de collage à 15 minutes.

g) Refroidissez votre bière à 75-79°C (167-174°F) et ajoutez votre arôme de houblon.

h) Faites-les infuser pendant 30 minutes à pas plus de 79°C (174°F).

i) Refroidissez votre moût à 18 ° C (64 ° F), en le relançant avec de l'eau sanitaire pour atteindre la gravité initiale souhaitée.

j) Transférez votre moût dans un fermenteur propre et hygiénique. Aérez votre moût et plantez votre levure préparée.

k) Fermenter dans un fermenteur primaire à 18-20°C (64-68°F) pendant 2-3 semaines. Assurez-vous d'avoir trois lectures de gravité identiques sur 3 jours.

l) Bouteille avec 120 g/4¼ oz de sucre de table blanc pour atteindre 2,5 à 2,7 volumes de CO_2.

m) Faites vieillir cette bière pendant au moins 4 semaines à température ambiante.

86. commune de Californie

Projet de loi sur les céréales

- Malt pâle, Maris Otter   90,9 % – 4,5 kg/10 lb
- Malt cristal   5,1 % – 250 g/8¾ oz
- Malt ambré   4 % – 200 g/7 oz

Houblon

- Hallertauer Mittelfrueh (4% AA)
-    Premier moût houblonné – 50g/1¾oz
- Hallertauer Mittelfrueh (4% AA)
-    Faire bouillir 15 minutes – 50g/1¾oz
- Hallertauer Mittelfrueh (4% AA)
-    Arôme raide – 50g/1¾oz

Levure

- Levure San Francisco Lager (California Lager Yeast - WLP810, Wyeast 2112)
- 1 comprimé de mousse d'Irlande (tel que Protofloc ou Whirlfloc)

les directions

a) Préparez la levure de votre choix. Assurez-vous que votre calculateur de levure est réglé sur "lager" - vous aurez besoin de beaucoup et, probablement pas, vous devrez faire une entrée. Nettoyez et préparez votre équipement de brassage.

b) Apportez 24 litres/pintes d'eau jusqu'à 71°C (160°F).

c) Incorporer la purée. Maintenir une température de purée de 65 °C (149 °F) pendant 60 à 75 minutes.

d) Mash out - augmentez la température de votre grain à 75 ° C (167 ° F).

e) Arrosez avec 6 litres/pintes d'eau à 75°C (167°F) pour atteindre votre volume de pré-ébullition de pas plus de 24 litres/pintes.

f) Ajoutez votre premier moût de houblon et faites bouillir votre moût pendant 60 minutes. Ajoutez votre arôme Houblons et collages 15 minutes avant la fin de l'ébullition.

g) Refroidissez votre bière à 75-79°C (167-174°F) et ajoutez votre arôme de houblon.

h) Faites-les infuser pendant 30 minutes à pas plus de 79°C (174°F).

i) Refroidissez votre moût à 18 ° C (64 ° F), en le relançant avec de l'eau sanitaire pour atteindre la gravité initiale souhaitée.

j) Transférez votre moût dans un fermenteur propre et hygiénique. Aérez votre moût et plantez votre levure préparée.

k) Fermenter dans un fermenteur primaire à 14-18°C (57-64°F) pendant 2 semaines. Assurez-vous d'avoir trois lectures de gravité identiques sur 3 jours.

l) Bouteille avec 110g/37/8oz de sucre de table blanc pour atteindre 2,4-2,5 volumes de CO_2.

87. Double d'abbaye

Projet de loi sur les céréales

- Pale Malt, Belge   66,7 % – 4 kg/9 lb
- Malt de blé   8,3 % – 500 g/1⅛ lb
- Malt Cara-Munich   8,3 % – 500 g/1⅛ lb
- Sucre Candi Noir   16,7 % – 1 kg/2¼ lb

Houblon

- Hallertauer Mittelfrueh (4% AA)
- Premier moût houblonné – 30g/1oz
- Hallertauer Mittelfrueh (4% AA)
- Faire bouillir 20 minutes – 30g/1oz

Levure

- Levure d'abbaye belge. Pour cela, j'opterais pour la levure Rochefort (WLP540, Wyeast 1762), mais vous pouvez aussi opter pour la levure Wesmalle (WLP530, Wyeast 3787) ou la levure Chimay (WLP500, Wyeast 1214)

- Alternatives : Levure belge séchée comme Safbrew Abbaye ou Mangrove Jacks Belgian Ale

- 1 comprimé de mousse d'Irlande (tel que Protofloc ou Whirlfloc)

les directions

a) Préparez votre levure. Il vous en faudra beaucoup. Nettoyez et préparez votre équipement de brassage.

b) Apportez 24 litres/pintes d'eau jusqu'à 69°C (156°F). Traitez cette eau selon votre rapport d'eau.

c) Incorporer la purée. Maintenir une température de purée de 65°C (149°F) pendant 60 minutes.

d) Écraser - augmenter la température du grain à 75 °C (167 °F).

e) Arrosez avec 4 litres/pintes d'eau à 75°C (167°F) pour atteindre votre

volume de pré-ébullition de pas plus de 23 litres/pintes.

f) Ajoutez votre premier moût de houblon et votre sucre. Faites bouillir votre moût pendant 75 à 90 minutes.

g) Ajoutez votre arôme Houblon 20 minutes avant la fin de l'ébullition.

h) Refroidissez votre moût à 18°C (64°F). Mesurez votre gravité d'origine. Liqueur de retour avec de l'eau sanitaire pour atteindre votre OG prévu.

i) Transférez votre moût dans un fermenteur propre et hygiénique. Aérez votre moût et plantez votre levure préparée.

j) Fermenter dans un fermenteur primaire à 18 °C (64 °F) pendant les 2 à 3 premiers jours de fermentation active. Ensuite, supprimez tout refroidissement pour laisser votre température monter librement. Ne le laissez pas dépasser 26°C (79°F). Quelle que soit la température atteinte, maintenez-la jusqu'à ce que vous ayez trois lectures de gravité identiques. Attendez-vous à ce que cela prenne environ 2 semaines à partir du lancement.

k) Bouteille avec 120 g/4¼ oz de sucre de table blanc pour atteindre environ 2,7 à 2,8 volumes de CO_2. Cette bière bénéficiera d'un certain conditionnement en bouteille et se bonifiera avec l'âge.

88. Quadruple

Projet de loi sur les céréales

- Malt Pilsener, Belge   40,5 % - 3 kg/6½ lb
- Pale Malt, Belge   40,5 % - 3 kg/6½ lb
- Sucre Candi Belge, noir   18,9 % - 1,4 kg/3 lb

Houblon

- Brasseur du Nord (8,5 % AA)
- Premier moût houblonné - 26g/7/8oz
- Goldings de Styrie (5,4 % AA)
- Faire bouillir 30 min - 20g/¾oz
- Hallertauer Mittelfrueh (4% AA)
- Faire bouillir 15 minutes - 20g/¾oz

Levure

- Levure Wesmalle (WLP530, Wyeast 3787) Pour une variante, vous pouvez cultiver la levure originale de

Westvleteren à partir d'une bouteille de St Bernardus Pater 6.

- 1 comprimé de mousse d'Irlande (tel que Protofloc ou Whirlfloc)

les directions

a) Préparez votre levure. Vous aurez besoin de beaucoup. Nettoyez et préparez votre équipement de brassage.

b) Apportez 25 litres/pintes d'eau jusqu'à 70°C (158°F). Traitez cette eau selon votre rapport d'eau.

c) Incorporer la purée. Maintenir une température de purée de 65°C (149°F) pendant 75 minutes.

d) Écraser – augmenter la température du grain à 75 °C (167 °F).

e) Arrosez avec 6 litres/pintes d'eau à 75°C (167°F) pour atteindre votre volume de pré-ébullition de pas plus de 24 litres/pintes.

f) Ajoutez votre premier moût de houblon et votre sucre. Faites bouillir votre moût pendant 90 minutes.

g) Ajoutez votre arôme Houblon à 30 et 15 minutes avant la fin de l'ébullition.

h) Refroidissez votre moût à 18°C (64°F). Mesurez votre gravité d'origine. Liqueur de retour avec de l'eau sanitaire pour atteindre votre OG prévu.

i) Transférez votre moût dans un fermenteur propre et hygiénique. Aérez votre moût et plantez votre levure préparée.

j) Fermentation en fermenteur primaire à 18°C (64°F) pendant les 2 premiers jours de fermentation active. Ensuite, supprimez tout refroidissement pour laisser votre température monter librement. Ne le refroidissez que s'il atteint 30 °C (86 °F). Quelle que soit la température qu'elle atteint, faites chauffer votre fermentation pour ne pas la laisser retomber.

k) Il est terminé lorsque vous avez obtenu trois lectures de gravité identiques en 3 jours. Attendez-vous à ce que cela prenne 2 à 3 semaines après le lancement.

l) Mettre en bouteille, en prenant soin de le faire sans ajouter d'oxygène, avec 120 g de sucre de table blanc pour atteindre environ 2,7 à 2,8 volumes de CO_2. Cette bière ne fera que se bonifier avec l'âge.

89. Saison

Projet de loi sur les céréales

- Malt Pilsner, Belge   90,9 % – 5 kg/11 lb
- Blé, non malté   5,5 % – 300 g/10½ oz
- Sucre, blanc   3,6 % – 200 g/7 oz

Houblon

- Saz (4% AA)   Premier moût houblonné – 30g/1oz
- Saz (4% AA)   Faire bouillir 30 min – 20g/¾oz
- Saz (4% AA)   Faire bouillir 15 minutes – 30g/1oz

Levures

- Saison Yeast, comme WLP565, Wyeast 3724 ou Danstar Belle Saison
- Levure de champagne, séchée

les directions

a) Préparez votre levure de saison. Nettoyez et préparez votre équipement de brassage.

b) Apportez 24 litres/pintes d'eau jusqu'à 70°C (158°F). Traitez cette eau selon votre rapport d'eau.

c) Incorporer la purée. Maintenir une température de purée de 64,5 °C (148 °F) pendant 90 minutes.

d) Écraser - augmenter la température du grain à 75 °C (167 °F).

e) Arrosez avec 4 litres/pintes d'eau à 75°C (167°F) pour atteindre votre volume de pré-ébullition de pas plus de 24 litres/pintes.

f) Ajoutez votre premier moût de houblon et votre sucre. Faites bouillir votre moût pendant 90 minutes.

g) Ajoutez votre arôme Houblon à 30 et 15 minutes avant la fin de l'ébullition.

h) Refroidissez votre moût à 18°C (64°F). Mesurez votre gravité d'origine. Liqueur de retour avec de l'eau sanitaire pour atteindre votre OG prévu.

i) Transférez votre moût dans un fermenteur propre et hygiénique. Aérez votre moût et plantez votre levure de saison préparée.

j) Fermentation en fermenteur primaire à 18°C (64°F) pendant les 2 premiers jours de fermentation. Ensuite, arrêtez tout refroidissement pour laisser votre température monter librement. Une fois qu'il est monté aussi haut que possible, chauffez pour atteindre 30 à 32 °C (86 à 90 °F). Ne laissez pas la température baisser jusqu'à ce que toute activité se soit calmée - généralement environ 7 à 10 jours.

k) Une fois votre levure floculée, transférez votre bière dans un fermenteur secondaire et plantez votre levure de champagne. Laissez ceci sur la levure pendant au moins 1 semaine, ou lorsque vous avez trois lectures de gravité identiques sur 3 jours.

l) Bouteille, avec 150g/5¼oz de sucre de table blanc pour atteindre environ 3 volumes de CO_2.

90. Bière dorée forte belge

Projet de loi sur les céréales

- Malt Pilsner, Belge   83,3 %   -   5kg/11lb
- Sucre, blanc   16,7 %   - 1kg/2¼lb

Houblon

- Saz (4% AA)   Premier moût houblonné - 50g/1¾oz
- Saz (4% AA)   Faire bouillir 15 minutes - 25g/7/8oz
- Saz (4% AA)   Faire bouillir 1 min - 25g/7/8oz

Levure

- Belgian Golden Ale, comme WLP570 ou Wyeast 1388 Alternatives : Levure belge séchée comme Mangrove Jacks Belgian Ale ou Safbrew T-58
- 1 comprimé de mousse d'Irlande (tel que Protofloc ou Whirlfloc)

les directions

a) Apportez 25 litres/pintes d'eau jusqu'à 69°C (156°F). Traitez cette eau selon votre rapport d'eau.

b) Incorporer la purée. Maintenir une température de purée de 64,5 °C (148 °F) pendant 75 à 90 minutes.

c) Écraser - augmenter la température du grain à 75 °C (167 °F).

d) Arrosez avec 4 litres/pintes d'eau à 75°C (167°F) pour atteindre votre volume de pré-ébullition de pas plus de 23 litres/pintes.

e) Ajoutez votre premier moût de houblon et votre sucre. Faites bouillir votre moût pendant 90 minutes.

f) Ajoutez votre arôme Houblon à 15h et 1 minute avant la fin de l'ébullition.

g) Refroidissez votre moût à 18°C (64°F). Mesurez votre gravité d'origine. Liqueur de retour avec de l'eau sanitaire pour atteindre votre OG prévu.

h) Transférez votre moût dans un fermenteur propre et hygiénique. Aérez votre moût et plantez votre levure préparée.

i) Fermenter dans un fermenteur primaire à 18 °C (64 °F) pendant les 2 à 3 premiers jours de fermentation active. Ensuite, supprimez tout refroidissement pour laisser votre température monter librement. Essayez de ne pas le laisser dépasser 26°C (79°F). Quelle que soit la température qu'il atteint, gardez-le là. Vous voulez 3 jours de lectures de gravité identiques.

j) Bouteille avec 140g/5oz de sucre de table blanc pour atteindre environ 3 volumes de CO_2.

91. Hefeweizen

Projet de loi sur les céréales

- Malt Pilsner, allemand 50 % – 2,2 kg/47/8 lb
- Malt de blé, allemand 50 % – 2,2 kg/47/8 lb

Houblon

- Hallertauer Mittelfrueh (4% AA)
-     Premier moût houblonné – 16g/½oz
- Hallertauer Mittelfrueh (4% AA)
- Faire bouillir 15 minutes – 16g/½oz

Levure

- Weihenstephaner Weizen Ale,
- WLP300 ou Wyeast 3068
- Alternatives : levure Hefe séchée type Mangrove Jacks
- Blé Bavarois ou Safbrew WB-06

les directions

a) Préparez votre levure. Vous ne voulez lancer que les deux tiers de ce que votre calculateur de levure indique. Nettoyez et préparez votre équipement de brassage.

b) Apportez 24 litres/pintes d'eau jusqu'à 69°C (156°F). Traitez cette eau selon votre rapport d'eau.

c) Incorporer la purée. Maintenir une température de purée de 65°C (149°F) pendant 60 minutes.

d) Écraser – augmenter la température du grain à 75 °C (167 °F).

e) Arrosez avec 4 litres/pintes d'eau à 75°C (167°F) pour atteindre votre volume de pré-ébullition de pas plus de 22 litres/pintes.

f) Ajoutez votre premier moût Hops. Faites bouillir votre moût pendant 75 minutes. Ajoutez votre arôme Houblon 15 minutes avant la fin de l'ébullition. NE PAS AJOUTER DE COLLAGE.

g) Refroidissez votre moût à 18°C (64°F). Mesurez votre gravité d'origine. Liqueur de retour avec de l'eau sanitaire pour atteindre votre OG prévu.

h) Transférez votre moût dans un fermenteur propre et hygiénique. Aérez votre moût et plantez votre levure préparée.

i) Fermentation dans un fermenteur primaire à 18-22°C (64-72°F) pendant 1 semaine - vous voulez 3 jours de lectures de gravité stables. Dès que vous l'avez, procédez à la mise en bouteille.

j) Bouteille avec 150g/5¼oz de sucre de table blanc pour atteindre environ 3 volumes de CO_2. A déguster dans les 2 mois, idéalement.

92. Banoffee weizenbock

Projet de loi sur les céréales

- Malt de blé, allemand 47,6 %   -   3kg/6½lb
- Maris Loutre   23,8 %   - 1,5 kg/3¼ lb
- Malt munichois 15,9 %   - 1kg/2¼lb
- Malt cristal pâle   4,8 % - 300 g/10½ oz
- Malt Spécial B 4,8 % - 300 g/10½ oz
- Chocolat Blé Malt   3,2 % - 200 g/7 oz

Houblon

- Hallertauer Mittelfrueh (4% AA)
- Premier moût houblonné - 30g/1oz
- Hallertauer Mittelfrueh (4% AA)
- Faire bouillir 15 minutes - 30g/1oz

Levure

- Weihenstephaner Weizen Ale,
- WLP300 ou Wyeast 3068

- Alternatives : Levure Hefe séchée comme Mangrove Jacks

- Blé Bavarois ou Safbrew WB-06

les directions

a) Préparez votre levure. Vous voulez lancer le nombre de cellules requis, et encore un tiers. C'est pour souligner le goût de la banane. Nettoyez et préparez votre équipement de brassage.

b) Apportez 26 litres/pintes d'eau jusqu'à 70°C (158°F). Traitez cette eau selon votre rapport d'eau.

c) Incorporer la purée. Maintenir une température de purée de 65°C (149°F) pendant 60 minutes.

d) Écraser – augmenter la température du grain à 75 °C (167 °F).

e) Arrosez avec 6 litres/pintes d'eau à 75°C (167°F) pour atteindre votre

volume de pré-ébullition de pas plus de 22 litres/pintes.

f) Ajoutez votre premier moût Hops. Faites bouillir votre moût pendant 60 minutes. Ajoutez votre arôme Houblon 15 minutes avant la fin de l'ébullition. NE PAS AJOUTER DE COLLAGE.

g) Refroidissez votre moût à 18°C (64°F). Mesurez votre gravité d'origine. Liqueur de retour avec de l'eau sanitaire pour atteindre votre OG prévu.

h) Transférez votre moût dans un fermenteur propre et hygiénique. Aérez votre moût et plantez votre levure préparée.

i) Fermentation dans un fermenteur primaire à 18-22°C (64-72°F) pendant 1 semaine – ou jusqu'à ce que vous ayez 3 jours consécutifs de lectures de gravité identiques. Dès que vous l'avez, procédez à la mise en bouteille.

j) Bouteille avec 150g/5¼oz de sucre de table blanc pour atteindre environ 3 volumes de CO_2.

93. De kölsch

Projet de loi sur les céréales

- Malt Pilsner, allemand 100 % – 4,5 kg/10 lb

Houblon

- Hallertauer Mittelfrueh (4% AA)
- Premier moût houblonné – 40g/1½oz
- Hallertauer Mittelfrueh (4% AA)
- Faire bouillir 15 minutes – 20g/¾oz
- Hallertauer Mittelfrueh (4% AA)
- Faire bouillir 1 min – 40g/1½oz

Levure

- Levure Kolsch, WLP029 ou Wyeast 2565
- Alternative : Safale K-97
- 1 comprimé de mousse d'Irlande (tel que Protofloc ou Whirlfloc)
- 1 feuille de gélatine en feuilles, post-fermentation

les directions

a) Préparez votre levure. Vous voulez lancer beaucoup, même légèrement au-dessus. Nettoyez et préparez votre équipement de brassage.

b) Apportez 24 litres/pintes d'eau jusqu'à 70°C (158°F). Traitez cette eau selon votre rapport d'eau.

c) Incorporer la purée. Maintenir une température de purée de 65°C (149°F) pendant 60 minutes.

d) Écraser - augmenter la température du grain à 75 °C (167 °F).

e) Arrosez avec 4 litres/pintes d'eau à 75°C (167°F) pour atteindre votre volume de pré-ébullition de pas plus de 22 litres/pintes.

f) Ajoutez votre premier moût Hops. Faites bouillir votre moût pendant 60 minutes. Ajoutez votre saveur Houblon à 15 minutes et votre arôme Houblon juste avant l'extinction.

g) Refroidissez votre moût à 18°C (64°F). Mesurez votre gravité d'origine. Liqueur de retour avec de l'eau sanitaire pour atteindre votre OG prévu.

h) Transférez votre moût dans un fermenteur propre et hygiénique. Aérez votre moût et plantez votre levure préparée.

i) Fermentation dans un fermenteur primaire à 18-20°C (64-68°F) pendant 2 semaines, ou jusqu'à ce que vous ayez 3 jours consécutifs de lectures de gravité identiques. Vous ne voulez pas laisser celui-ci dépasser 20°C (68°F) pendant les 3 premiers jours, ou vous n'aurez pas un caractère aussi propre.

j) Dissolvez votre feuille de gélatine dans 200 ml d'eau bouillante dans un pichet sanitaire puis versez ce liquide dans votre bière. Attendez un jour ou deux pour que la bière soit claire.

k) Bouteille avec 120 g/4¼ oz de sucre de table blanc pour atteindre environ 2,4 à 2,5 volumes de CO_2.

94. Pale Ale aux fleurs de sureau

Projet de loi sur les céréales

- Malt pâle, Maris Otter 90,9 % – 4,5 kg/10 lb

- Malt Cristal 6.1% – 300g/10½oz

- Sucre en poudre 3% – 150g/5¼oz

Houblon

- Chinook (13% AA)   Premier moût houblonné – 20g/¾oz

- Simcoe   Faire bouillir 15 minutes – 20g/¾oz

- Chinook (13% AA)   Arôme raide – 50g/1¾oz

- Simcoe   Arôme raide – 80g/3oz

- Fleurs de sureau fraîches   Arôme raide – 1 litre / pot de fleurs fraîches, tiges retirées

Levure

- West Coast Ale Yeast, comme US-05, WLP001 ou Wyeast 1056. Beaucoup

- 1 comprimé de mousse d'Irlande (tel que Protofloc ou Whirlfloc)

les directions

a) Préparez la levure de votre choix. Nettoyez et préparez votre équipement de brassage.

b) Apportez 26 litres/pintes d'eau jusqu'à 71°C (160°F).

c) Incorporer la purée. Maintenir une température de purée de 66 °C (151 °F) pendant 60 minutes.

d) Mash out - augmentez la température de votre grain à 75 ° C (167 ° F).

e) Arrosez avec 5 litres/pintes d'eau à 75°C (167°F) pour atteindre votre volume de pré-ébullition de pas plus de 25 litres/pintes.

f) Ajoutez votre premier moût Hops puis faites bouillir votre moût pendant 60 minutes. Ajoutez votre ajout de houblon 15 minutes avant la fin de l'ébullition.

Ajoutez également votre tablette de collage à ce stade.

g) Refroidissez votre bière à 75-79°C (167-174°F) et ajoutez votre arôme de houblon et votre fleur de sureau fraîche. Faites-les infuser pendant 30 minutes à pas plus de 79°C (174°F).

h) Refroidissez votre moût à 18 ° C (64 ° F), en le relançant avec de l'eau sanitaire pour atteindre la gravité initiale souhaitée.

i) Transférez votre moût dans un fermenteur propre et hygiénique. Aérez votre moût et plantez votre levure préparée.

j) Fermenter dans un fermenteur primaire à 18-20°C (64-68°F) pendant 2 semaines. Assurez-vous d'avoir trois lectures de gravité identiques sur 3 jours.

k) Bouteille avec 110g/37/8oz de sucre de table blanc pour atteindre 2,4-2,5 volumes de CO_2.

95. Farine d'avoine extra pale ale

Projet de loi sur les céréales

- Malt pâle, Maris Otter   80 % – 4 kg/9 lb
- Malt de blé   8 % – 400 g/14 oz
- Avoine, roulée   8 % – 400 g/14 oz
- Malt cristal   4 % – 200 g/7 oz

Houblon

- Citra (14,1 % AA)   Faire bouillir 20 min – 20g/¾oz
- Amarillo (10,7% AA)   Faire bouillir 15 minutes – 20g/¾oz
- Citra (14,1 % AA)   Faire bouillir 10 min – 20g/¾oz
- Amarillo (10,7% AA)   Faire bouillir 5 minutes – 20g/¾oz
- Citra (14,1 % AA)   Arôme raide – 40g/1½oz
- Amarillo (10,7% AA)   Arôme raide – 40g/1½oz
- Citra (14,1 % AA)   Houblon sec – 40g/1½oz

Levure

- Dry British Ale Yeast, comme WLP007 ou Mangrove Jacks m07
- 1 comprimé de mousse d'Irlande (tel que Protofloc ou Whirlfloc)

les directions

a) Préparez la levure de votre choix. Nettoyez et préparez votre équipement de brassage.

b) Apportez 26 litres/pintes d'eau jusqu'à 69,5 °C (157 °F).

c) Incorporer la purée. Maintenir une température de purée de 65°C (149°F) pendant 60 minutes.

d) Mash out - augmentez la température de votre grain à 75 ° C (167 ° F).

e) Arrosez avec 5 litres/pintes d'eau à 75°C (167°F) pour atteindre votre

volume de pré-ébullition de pas plus de 25 litres/pintes.

f) Faites bouillir votre moût pendant 60 minutes. Ajoutez votre éclat de houblon à 20, 15, 10 et 5 minutes avant la fin de l'ébullition. Ajoutez votre pastille de collage à 15 minutes.

g) Refroidissez votre bière à 75-79°C (167-174°F) et ajoutez votre arôme de houblon.

h) Laissez infuser pendant 30 minutes à pas plus de 79°C (174°F).

i) Refroidissez votre moût à 18 °C (64 °F), en le relançant avec de l'eau sanitaire pour atteindre la gravité initiale souhaitée.

j) Transférez votre moût dans un fermenteur propre et hygiénique. Aérez votre moût et plantez votre levure préparée.

k) Fermenter dans un fermenteur primaire à 18-20°C (64-68°F) pendant 2 semaines.

Assurez-vous d'avoir trois lectures de gravité identiques sur 3 jours avant la mise en bouteille

l) Transférer dans un fermenteur secondaire sanitaire et houblonnage à sec pendant trois jours à température ambiante.

m) Bouteille avec 120 g/4¼ oz de sucre de table blanc pour atteindre 2,5 à 2,7 volumes de CO_2.

96. Grand seigle noir-PA

Projet de loi sur les céréales

- Pale Malt, Maris Loutre   78,4 % - 6kg/13lb
- Malt de seigle   10,5 %   - 800g/1¾lb
- Malt cristal   3,9 % - 300 g/10½ oz
- Blé grillé 3,9 % - 300 g/10½ oz
- Carafa Spécial III   3,9 % - 300 g/10½ oz

Houblon

- Colomb (CTZ, 14 % AA)   Premier moût houblonné - 50g/1¾oz
- Citra (12% AA) Arôme raide - 50g/1¾oz
- Colomb (CTZ, 14 % AA)   Arôme raide - 50g/1¾oz
- Simcoe (13 % AA)   Arôme raide - 50g/1¾oz
- Amarillo (8,5 % AA)   Arôme raide - 100g/3½oz

- Simcoe (13 % AA)   Houblon sec – 50g/1¾oz

- Citra (12% AA) Houblon sec – 50g/1¾oz

Levure

- Dry British Ale Yeast, comme WLP007 ou Mangrove Jacks m07

- 1 comprimé de mousse d'Irlande (tel que Protofloc ou Whirlfloc)

les directions

a) Préparez la levure de votre choix – vous en aurez besoin de beaucoup. Nettoyez et préparez votre équipement de brassage.

b) Apportez 28 litres/pintes d'eau jusqu'à 70°C (158°F).

c) Incorporer la purée. Maintenir une température de purée de 65°C (149°F) pendant 60 minutes.

d) Mash out - augmentez la température de votre grain à 75 ° C (167 ° F).

e) Arrosez avec 7 litres/pintes d'eau à 75°C (167°F) pour atteindre votre volume de pré-ébullition de pas plus de 26 litres/pintes.

f) Ajoutez votre premier moût de houblon et faites bouillir votre moût pendant 60 minutes. Ajoutez votre pastille de collage 15 minutes avant la fin de l'ébullition.

g) Refroidissez votre bière à 75-79°C (167-174°F) et ajoutez votre ajout important de houblon aromatique. Laissez infuser pendant 30 minutes à pas plus de 79°C (174°F).

h) Refroidissez votre moût à 18 ° C (64 ° F), en le relançant avec de l'eau sanitaire pour atteindre la gravité initiale souhaitée.

i) Transférez votre moût dans un fermenteur propre et hygiénique. Aérez

votre moût et plantez votre levure préparée.

j) Fermenter dans un fermenteur primaire à 18-20°C (64-68°F) pendant 2 semaines. Assurez-vous d'avoir trois lectures de gravité identiques sur 3 jours avant la mise en bouteille.

k) Bouteille avec 110g/37/8oz de sucre de table blanc pour atteindre 2,4-2,5 volumes de CO2.

97. Citra éclate triple IPA

Projet de loi sur les céréales

- Malt Pilsner, allemand 89,9 % - 8kg/17½lb
- Sucre, blanc 10,1 % - 900g/2lb

Houblon

- Citra (12% AA) Faire bouillir 15 minutes - 75g/2¾oz
- Citra (12% AA) Faire bouillir 10 min - 75g/2¾oz
- Citra (12% AA) Faire bouillir 5 minutes - 75g/2¾oz
- Citra (12% AA) Arôme raide - 175g/6oz
- Citra (12% AA) Houblon sec - 200g/7oz

Levure

- West Coast Ale Yeast, comme US-05, WLP001 ou Wyeast 1056. Beaucoup
- 1 comprimé de mousse d'Irlande (tel que Protofloc ou Whirlfloc)

les directions

a) Préparez la levure de votre choix. Vous aurez besoin de beaucoup. Nettoyez et préparez votre équipement de brassage.

b) Apportez 29 litres/pintes d'eau jusqu'à 69°C (156°F).

c) Incorporer la purée. Maintenir une température de purée de 64,5 °C (148 °F) pendant 75 à 90 minutes.

d) Mash out - augmentez la température de votre grain à 75 ° C (167 ° F).

e) Arrosez avec 8 litres/pintes d'eau à 75°C (167°F) pour atteindre votre volume de pré-ébullition de pas plus de 27 litres/pintes.

f) Faites bouillir votre moût pendant 60 minutes. Ajoutez votre éclat de houblon à 15, 10 et 5 minutes avant la fin de l'ébullition. Ajoutez votre pastille de collage à 15 minutes.

g) Refroidissez votre bière à 75-79 °C (167-174 °F) et ajoutez votre énorme ajout d'arôme de houblon. Faites-les infuser pendant 30 minutes à pas plus de 79°C (174°F).

h) Refroidissez votre moût à 18 °C (64 °F), en le relançant avec de l'eau sanitaire pour atteindre la gravité initiale souhaitée.

i) Transférez votre moût dans un fermenteur propre et hygiénique. Aérez votre moût et plantez votre levure préparée.

j) Fermenter dans un fermenteur primaire à 18-20°C (64-68°F) pendant 2-3 semaines. Assurez-vous de garder la bière au frais pendant les 3 premiers jours d'activité. Assurez-vous d'avoir trois lectures de gravité identiques sur 3 jours.

k) Transfert en fermenteur secondaire et houblonnage à sec pendant 3 jours.

l) Bouteille avec 110g/37/8oz de sucre de table blanc pour atteindre 2,4-2,5 volumes de CO_2.

98. Changement de paradigme robuste

Projet de loi sur les céréales

- Pale Malt, Maris Loutre   59,4 % – 9,5 kg/21 lb
- Malt munichois 15,6 % – 2,5 kg/5½ lb
- Malt cristal   5% – 800g/1¾ lb
- Malt Carahell (Cara-Pils)   4,6 % – 800g/1¾ lb
- Malt Chocolat   3,1 % – 500g/1⅛ lb
- Avoine, roulée   3,1 % – 500g/1⅛ lb
- Malt au chocolat pâle 3,1 % – 500g/1⅛ lb
- Chocolat Blé Malt   3,1 % – 500g/1⅛ lb
- Orge torréfiée 2,5 % – 400g/14oz
- STEEP À FROID, 24 HEURES :
- Carafa Spécial III   8,6 % – 1,5 kg/3¼ lb

Houblon

- Chinook (12% AA)   Premier moût houblonné – 100g/3½oz

- Cascade (5,5 % AA)   Faire bouillir 1 min – 80g/3oz

Levure

- West Coast American Ale Yeast, comme US-05,

- WLP001 ou Wyeast 1056. Beaucoup, beaucoup.

- 1 comprimé de mousse d'Irlande (tel que Protofloc ou Whirlfloc)

les directions

a) La veille de l'infusion, videz votre Carafa dans un seau ou une casserole et couvrez d'au moins 3 litres d'eau froide. Cela extrait l'obscurité mais pas d'amertume.

b) Préparez votre levure – vous en aurez besoin de beaucoup. Vous voulez lancer encore plus que ce que dit le calculateur de levure, jusqu'à 30 %. Nettoyez et préparez votre équipement de brassage.

c) Apportez 35 litres/pintes d'eau jusqu'à 72,5°C (162°F). Incluez-y votre grain du jour au lendemain versé à travers un tamis ou un sac. Incorporer la purée. Maintenir une température de purée de 65°C (149°F) pendant 60 minutes.

d) Mash out - augmentez la température de votre grain à 75 ° C (167 ° F). Remuer pendant que vous faites cela, pour éviter les brûlures. Suspendez le sac au-dessus du pot et recirculez à travers le grain. (Faites ceci pour éviter les brûlures.)

e) Arrosez avec environ 12 litres/pintes d'eau à 75°C (167°F) pour atteindre votre volume de pré-ébullition de pas plus de 24 litres/pintes.

f) Ajoutez votre premier moût Hops. Portez votre moût à ébullition puis faites bouillir pendant 60 minutes. Ajoutez votre ajout de houblon 1 minute avant la fin de votre ébullition. Refroidissez votre moût à 18°C (64°F). Liqueur de retour avec de l'eau sanitaire pour atteindre votre gravité d'origine prévue.

g) Transférez votre moût dans un fermenteur propre et hygiénique. Aérez votre moût et lancez votre levain préparé.

h) Fermenter dans un fermenteur primaire à 18-20°C (64-68°F) pendant les 3 premiers jours. Vous voulez que votre température soit très contrôlée pendant cette période pour éviter la surproduction d'alcools de fusel. Ensuite, augmentez votre température vers la barre des 22-23 °C (72-73 °F), pendant au moins 2 semaines. Une fois que vous avez 3 jours de lectures de gravité identiques, c'est probablement fait.

i) Bouteille avec 120g/4¼oz de sucre de table blanc pour atteindre 2,4-2,6 volumes de CO_2. Vieillir en bouteille pendant au moins 4 semaines à température ambiante ou plus. Si vous avez vieilli votre bière dans le fermenteur primaire pendant une période prolongée, vous voudrez peut-être ajouter plus de levure lors de la mise en bouteille.

99. Sauté de manière disproportionnée

Projet de loi sur les céréales

- Malt Pilsner, allemand 78 % - 3,2 kg/7 lb
- Avoine, roulée 5% - 200g/7oz
- Malt cristal 5% - 200g/7oz
- Malt munichois 5% - 200g/7oz
- Malt de seigle sept%- 300g/10½oz

Houblon

- Centenaire (10% AA) Faire bouillir 75 minutes - 20g/¾oz
- Centenaire (10% AA) Faire bouillir 10 min - 20g/¾oz
- Amarillo (8,5 % AA) Faire bouillir 5 minutes - 20g/¾oz
- Amarillo (8,5 % AA) Arôme Steep - 60g/2⅛oz
- Centenaire (10% AA) Arôme Steep - 100g/3½oz
- Mosaïque (7% AA) Arôme Steep - 100g/3½oz

- Mosaïque (7% AA)   Houblon sec – 100g/3½oz

Levure

- Levure de bière anglaise. Les options incluent les laboratoires blancs WLP002, Wyeast 1968 ou Safale S-04

- 1 comprimé de mousse d'Irlande (tel que Protofloc ou Whirlfloc)

les directions

a) Préparez la levure de votre choix. Nettoyez et préparez votre équipement de brassage.

b) Apportez 25 litres/pintes d'eau jusqu'à 71°C (160°F).

c) Incorporer la purée. Maintenir une température de purée de 66,5 °C (151 °F) pendant 60 minutes.

d) Mash out - augmentez la température de votre grain à 75 ° C (167 ° F).

e) Arrosez avec 4 litres/pintes d'eau à 75°C (167°F) pour atteindre votre volume de pré-ébullition de pas plus de 25 litres/pintes.

f) Ajoutez votre premier moût Hops puis faites bouillir votre moût pendant 75 minutes. Ajoutez votre pastille de collage et glacière à 15 minutes. Ajoutez vos ajouts de houblon à 10 et 5 minutes.

g) Refroidissez votre bière à 75-79°C (167-174°F) et ajoutez votre arôme de houblon.

h) Laissez infuser pendant 30 minutes à pas plus de 79°C (174°F).

i) Refroidissez votre moût à 18 ° C (64 ° F), en le relançant avec de l'eau sanitaire pour atteindre la gravité initiale souhaitée.

j) Transférez votre moût dans un fermenteur propre et hygiénique. Aérez votre moût et plantez votre levure préparée.

k) Fermenter dans un fermenteur primaire à 18-20°C (64-68°F) pendant 2 semaines. Assurez-vous d'avoir trois lectures de gravité identiques sur 3 jours.

l) Transfert dans un fermenteur secondaire sanitaire et houblonnage à sec pendant 3 jours.

m) Bouteille avec 120 g/4¼ oz de sucre de table blanc pour atteindre 2,5 à 2,7 volumes de CO_2.

CONCLUSION

Vous connaissez maintenant le processus de base pour brasser votre propre bière à la maison. Au fur et à mesure que vous gagnez en expérience et en confiance, vous pouvez travailler dans plus de rides, comme utiliser du gypse pour durcir votre eau de brassage (si nécessaire) ou ajouter de la mousse d'Irlande à votre ébullition pour aider à la clarté de la bière.

C'est tout ce qu'il y a à faire pour faire sa propre bière. Après avoir laissé la bière se conditionner, il est temps de la partager avec vos amis et votre famille et de vous vanter de la façon dont vous l'avez faite vous-même. Bienvenue au brassage maison !

Bon brassage !

www.ingramcontent.com/pod-product-compliance
Lightning Source LLC
Chambersburg PA
CBHW070455120526
44590CB00013B/654